Anselm Grün

Was will ich?

Mut zur Entscheidung

Anselm Grün

Was will ich?

Mut zur Entscheidung

Vier-Türme-Verlag

Bibliographische Information der Deutschen Nationalbibliothek

Die Deutsche Nationalbibliothek verzeichnet diese Publikation in der Deutschen Nationalbibliographie. Detaillierte bibliographische Daten sind im Internet über http://dnb.d-nb.de abrufbar.

2. Auflage 2012
© Vier-Türme GmbH, Verlag, Münsterschwarzach 2011
Alle Rechte vorbehalten

Lektorat: Dr. Thomas H. Böhm
Umschlaggestaltung: Elisabeth Petersen, München
Umschlagfoto: Himmelssturm/Fotolia.com
Druck und Bindung: Friedrich Pustet KG, Regensburg
ISBN 978-3-89680-520-1

www.vier-tuerme-verlag.de

INHALT

Wähle also das Leben

Bei Seminaren für Führungskräfte fragen mich die Teilnehmer in der Gesprächsrunde oft, wie sie lernen können, gute Entscheidungen zu treffen. Viele von ihnen haben den Eindruck, dass sie ständig unter Druck stehen, etwas entscheiden zu müssen. Dieser Druck überfordert sie und kostet Energie.

Andere Menschen tun sich schwer, überhaupt etwas zu entscheiden. Sie brauchen Zeit, um eine Entscheidung treffen zu können. Sie möchten auf jeden Fall die richtige Entscheidung treffen und zweifeln deshalb immer wieder und fragen sich, was denn die richtige Entscheidung sein könnte. So suchen sie konkrete Wege, wie sie entscheidungsfreudiger werden und wie sie richtige und gute Entscheidungen treffen können. Vor allem fragen sie, wie sie erkennen könnten, was die richtige Entscheidung ist, und welche Übungen es gäbe, sich für eine Richtung zu entscheiden, wenn die Argumente für verschiedene Richtungen gleich stark wären.

Das Thema »Entscheidung« bezieht sich aber nicht nur auf die konkreten Planungen, die wir im Beruf oder auf unserem Lebensweg zu treffen haben. Jeden Augenblick unseres Alltags sollen wir uns entscheiden, entweder Opfer zu sein oder unser Leben selbst zu gestalten. Wir können uns für das Jammern oder für das Ändern, für den Ärger oder für innere Gelassenheit, für das Unglück oder Glück entscheiden.

Viele Bücher, die heute am Markt erscheinen, erwecken den Eindruck, dass wir alles in unserer Hand haben können, dass wir uns durch unsere Entscheidungen für gute Gedanken und Gefühle gleichsam selbst erschaffen dürfen. Das ist übertrieben. Und doch steckt in dieser Sicht ein Körnchen Wahrheit: Wir sind verantwortlich, mit welchen Gedanken oder Gefühlen wir auf das reagieren, was uns widerfährt.

In unserer Hand liegt die Entscheidung für oder gegen das Leben. So hat schon Gott den Israeliten vor die Entscheidung zwischen Leben und Tod gestellt: »Leben und Tod lege ich dir vor, Segen und Fluch. Wähle also das Leben, damit du lebst.« (Deuteronomium 30,19)

Die Wahl des Lebens ist nicht nur eine grundsätzliche Entscheidung, die wir einmal zu treffen haben. Vielmehr sind wir ständig herausgefordert, uns jetzt in diesem Augenblick für das Leben zu entscheiden. Religiös ausgedrückt bedeutet das auch: Sich jeden Augenblick für Gott entscheiden, für ein Leben entscheiden, das dem Willen Gottes entspricht.

Es gibt die großen Lebensentscheidungen. Bei ihnen geht es darum, zu heiraten oder nicht zu heiraten, diesen oder jenen Beruf zu ergreifen, die Arbeitsstelle und den Wohnort zu wechseln, in der Ehe zu bleiben oder sich scheiden zu lassen. Und es gibt die alltäglichen Entscheidungen: Ob ich jetzt dieses oder jenes kaufe, ob ich dahin oder dorthin fahre, was ich zuerst in die Hand nehme, wie ich auf die Bitten der Kinder reagiere, ob ich ja oder nein sage. Ständig sind wir vor Entscheidungen gestellt. Oft treffen wir sie, ohne vorher große Überlegungen anzustellen. Aber es ist doch auch hilfreich, sich seine Entscheidungen anzuschauen und nach Wegen zu suchen, wie ich sowohl die vielen kleinen als auch die großen Entscheidungen so treffen kann, dass ich im Einklang mit mir selbst bin.

So möchte ich in diesem Buch einige Gedanken zum Thema »Entscheidung und Entscheidungsprozess« darlegen. Wie immer frage ich zuerst die Bibel, welche Antworten sie dazu gibt, um dann von der geistlichen und psychologischen Seite aus einige Anregungen zu geben. Ich schreibe das Buch für die Menschen, die mir von ihren Schwierigkeiten erzählt haben, Entscheidungen zu treffen. Ihre Gedanken und Fragen habe ich beim Schreiben vor Augen.

Manche von Ihnen möchten vielleicht Gott und seinen Heiligen Geist in ihre Entscheidungen miteinbeziehen, aber es fehlen dazu passende Worte. Hierfür habe ich am Ende des Buches einige Gebete zu den verschiedenen Facetten des Themas formuliert, die Ihnen hier eine Anregung und Hilfe sein können.

Ich wünsche Ihnen und hoffe, dass Sie, liebe Leser und Leserinnen, auch für sich und Ihre Entscheidungen in diesem Buch Anregungen finden, die Ihnen ganz konkret weiterhelfen.

1

Entscheidung im Lukasevangelium

Der Evangelist Lukas schreibt sein Evangelium auf dem Hintergrund der griechischen Philosophie und Mythologie. Für die Griechen war das Thema »Entscheidung« ein zentrales Thema. Die griechische Heraklessage kennt zum Beispiel »Herakles am Scheideweg«. Herakles muss sich in dieser Erzählung zwischen der Sinnlichkeit und dem Vergnügen auf der einen und der Tugend (»arete«) auf der anderen Seite entscheiden.

Mit dieser Sage drücken die Griechen aus, dass jeder von uns vor die Entscheidung gestellt ist, sich für den leichten oder schweren Weg, für den Weg des oberflächlichen Vergnügens oder für den Weg der Tugend, für den Weg gelingenden Lebens zu entscheiden. Ob das Leben gelingt oder nicht, liegt in unserer Hand. Doch wir müssen zwischen dem Weg, der in den Abgrund führt, und dem Weg, der wahres Leben verheißt, wählen.

Für die Griechen ist der gute Weg der Weg der Tugend, der Weg, der dem Willen der Götter entspricht. Die Frau, die die Tugend verkörpert, verheißt dem Herakles kein leichtes Leben: »Wisse also, dass von allem, was gut und wünschenswert ist, die Götter den Menschen nichts ohne Arbeit und Mühe gewähren.« (Zitiert bei: Wickert 65)

Lukas hat den griechischen Gedanken der Entscheidung und des Wählens aufgegriffen und an vielen Stellen seines Evangeliums thematisiert. Auch die anderen Evangelisten schildern uns, dass Jesus die Menschen vor die Entscheidung zwischen Leben und Tod, zwischen Glauben und Unglauben gestellt hat. Doch im Lukasevangelium rückt das Thema »Entscheidung« ganz in den Mittelpunkt. So möchte ich mich hier auf das Lukasevangelium beschränken, um von der Bibel her Antworten auf die Frage nach gelingenden Entscheidungen zu bekommen.

Schon zu Beginn seines Evangeliums zeigt uns Lukas die beiden Möglichkeiten auf, wie wir auf die Botschaft des Engels reagieren können: Wir können wie Zacharias zweifeln oder wie Maria vertrauen. Wir können uns wie Zacharias mit rationalen Argumenten vor der Entscheidung drücken oder wir können uns wie Maria auf die inneren Impulse einlassen, die uns ein Engel eingibt.

Wenn wir uns mit Maria dafür entscheiden, uns auf diese inneren Impulse, die Botschaft Gottes, einzulassen, dann wird auch in uns Gott geboren und dann kommen wir mit unserem ursprünglichen und unverfälschten Bild in Berührung, das Gott sich von uns gemacht hat.

Der greise Simeon verheißt dem Kind Jesus, dass er zum Zeichen wird, das die Menschen zur Entscheidung zwingt: »Dieser ist dazu bestimmt, dass in Israel viele durch ihn zu Fall kommen und viele aufgerichtet werden, und er wird ein Zeichen sein, dem widersprochen wird.« (Lukas 2,34) An Jesus scheiden sich die Geister. Diesem Jesus kann man nicht unentschieden begegnen. Er fordert immer Entscheidung. Man kann Jesus nicht bequem vom Sessel aus betrachten und einfach so in seinem Leben weitermachen. Wenn wir Jesu Worte lesen, dann fordern sie uns heraus, aus dem unbewussten Dahinleben auszubrechen und bewusst und entschieden zu leben, uns für das Leben und für die Liebe zu entscheiden. Entscheidung hat hier mit Aufwachen aus dem Schlaf zu tun, in den wir uns eingelullt haben.

Jesus selbst wird in der Versuchung vom Satan vor die Entscheidung gestellt, entweder sich selbst und seinen Ruhm oder aber Gottes Willen zu wählen. (Vgl. Lukas 4,1–13) Wie Jesus sind auch wir ständig versucht, uns selbst in den Mittelpunkt zu stellen und alles nur für uns auszunutzen. Da braucht es in jedem Augenblick die Entscheidung, Gott und nicht dem eigenen Ego zu dienen.

In seiner ersten Predigt in der Synagoge von Nazaret stellt er die Hörer vor die Entscheidung, seiner Botschaft zu folgen oder ihn abzulehnen. (Vgl. Lukas 4,16–30) Die erste Reaktion der Hörer war Begeisterung. Doch als Jesus sie vor die Entscheidung stellt, schlägt die Begeisterung in Ablehnung um. Ich kenne diese Versuchung: Ich möchte mich im Licht eines großen und bekannten Menschen sonnen. Aber sobald der mich vor eine Entscheidung stellt, weiche ich aus. Jesus stellt mich vor diese Entscheidung. Ich kann nicht einfach nur fromm über ihn meditieren. Ich muss mich entscheiden, ihm nachzufolgen oder meinen eigenen Weg zu gehen.

Das Thema Entscheidung zeigt sich vor allem in den Seligpreisungen und Weherufen. (Vgl. Lukas 6,20–26) Matthäus hat die acht Seligpreisungen als einen Weg der Weisheit beschrieben: Jesus zeigt acht Wege auf, wie das Leben gelingen kann.

Bei Lukas stellt Jesus keine Weisheitslehre auf, sondern spricht die Hörer direkt an. Dort heißt es nicht: »Selig, die arm sind im Geist«, sondern: »Selig, ihr Armen«. Er spricht die Armen, die Hungernden, die Weinenden und die von der Gemeinschaft Ausgeschlossenen an und verheißt ihnen Heil. Er sagt ihnen zu: Dein Leben kann sich ändern. Auch für dich ist Glück möglich. Es liegt an dir, wie du mit deiner Armut, deinem Weinen und deinem Hunger umgehst. Jesus macht den Ausgeschlossenen Mut, dass Gott auf sie schaut und dass sie im Vertrauen auf Gott mitten im Gehasstwerden durch die Menschen Seligkeit erfahren.

Man könnte diese Seligpreisungen Jesu auch noch anders verstehen. Man könnte sagen: Jesus sagt den verschiedenen Gruppen von Menschen zu, dass sie sich für das Leben entscheiden sollen. Ganz gleich, in welcher Situation sie sich befinden, können sie sich für die Seligkeit, für das Glück – oder aber für das Unglück, für das Weh und Ach – entscheiden.

Die Armen können nichts dazu, dass sie in Armut geraten sind. Aber sie können entweder jammern und klagen oder aber sich für das Reich Gottes entscheiden. Sie können auf die Armut reagieren, indem sie sie annehmen und sich von ihr auf Gott verweisen lassen. Wenn Gott in ihnen herrscht, dann wandelt sich ihre äußere Armut in inneren Reichtum.

Leider werden die Worte Jesu heute in manchen christlichen Kreisen anders gebraucht. Gerade von amerikanischen Pfingstlern werden die Armen beschuldigt, sie würden sich von einem Armutsdämon bestimmen lassen. Der Glaube solle dann den Armutsdämon vertreiben. Dann würden die Armen an Geld und Gütern reich werden. Der Glaube ist in diesem Verständnis ein Weg zu äußerem Reichtum. Jesus hat das anders verstanden. Der Arme kann seine äußere Armut oft nicht ändern. Aber er kann sich trotzdem dafür entscheiden, Gott in seinem Herzen zu suchen. Gott ist der wahre Schatz. Wenn Gott in mir herrscht, dann habe ich genug. Dann ist es nicht mehr so wichtig, wie viel Geld ich habe.

Zu denen, die hungern, sagt Jesus: »Ihr werdet satt werden.« Dies ist nicht nur eine äußere Verheißung. Jesus fordert die Hungernden auf, nach dem zu suchen, was sie wirklich sättigt. Auch wenn ich körperlich hungere, kann ich seelisch gesättigt werden. Ich bin nicht nur von äußeren Umständen abhängig. Viele bleiben heute in einer Erwartungshaltung stecken: Die anderen sollten sie doch sättigen. Doch das, was andere uns geben, kann nie unsere innere Leere füllen.

Wir brauchen eine andere Nahrung, die uns wirklich sättigt. Jesus spricht vom Wort, das aus dem Munde Gottes kommt und das uns mehr sättigt als Brot. Wenn wir das Wort Gottes in unser Herz fallen lassen, dann wird unsere Seele satt. Unsere tiefste Sehnsucht wird vom Wort Gottes angesprochen und erfüllt. Der wahre Hunger ist der Hunger nach Liebe und Zuwendung, nach Angenommensein und innerem Frieden. Diesen Hunger stillt nicht das Brot, sondern jenes Wort, das mir verheißt, dass ich bedingungslos geliebt bin.

Ähnlich ist es mit den Weinenden. Wenn Jesus ihnen zusagt, dass sie lachen werden, dann ist das nicht nur ein Versprechen, sondern zugleich eine Aufforderung: Du kannst dich auch für das Lachen entscheiden. Du kannst im Weinen steckenbleiben oder versuchen, das, was dich zum Weinen bringt, anders zu sehen. Manchmal ist das Weinen auch Ausdruck, dass wir es nicht ertragen können, wenn unsere Wünsche nicht erfüllt werden. Jesus ruft die Weinenden daher auf, sich über ihre Maßstäbe, Wünsche und Illusionen Gedanken zu machen.

Wenn uns jemand verletzt und kränkt, sind wir nicht nur Opfer. Wir können das Verletzende auch beim anderen lassen. Dann lachen wir über den, der uns mit Worten kränkt. Wir lachen ihn nicht aus, aber wir distanzieren uns im Lachen von seinem verletzenden Tun.

In gewisser Weise gilt der Grundsatz, dass wir uns in jeder Situation für die Freude entscheiden können. Wir sollen die negativen Gefühle dabei nicht verdrängen. Aber wir sollen sie relativieren.

Manche Menschen haben sich für das Jammern entschieden. Sie kreisen im Selbstmitleid immer um sich selbst. Und sie meinen, die anderen seien schuld daran, dass es ihnen so schlecht geht. Jesus schaut diese Menschen an und traut ihnen zu, dass sie sich für einen anderen Weg, für den Weg der Freude, entscheiden. Wenn ich mich von den kränkenden Worten löse, die mich zum Weinen bringen, und wenn ich dann in mein Herz zurückkehre, werde ich dort eine Quelle von Freude finden. Meine Stimmung ist nicht nur von anderen abhängig. Ich bin selbst verantwortlich, von welchen Gefühlen ich mich prägen lasse. Dabei soll ich mich nicht unter Druck setzen und die negativen Gefühle verdrängen, als ob ich immer gut gelaunt sein müsste. Aber ich soll meine Traurigkeit und mein Weinen analysieren und fragen, ob dafür nicht infantile Bedürfnisse oder Illusionen, die ich mir von meinem Leben mache, letztlich die Ursache sind.

Die vierte Gruppe, die Jesus anspricht, sind diejenigen, die von den Menschen gehasst und beschimpft werden, die von der Gemeinschaft ausgeschlossen werden. Wir könnten sagen, das sind die, die gemobbt werden, die von anderen verachtet werden. Jesus fordert sie auf, sich zu freuen.

Das klingt wie eine Überforderung. Doch wenn ich verachtet werde, sollte ich mir klarmachen, dass die anderen ihre Probleme auf mich projizieren. Ich soll mich einerseits von ihren Projektionen innerlich befreien. Andererseits kann ich mich auf Gott verweisen lassen. Mein Grund, auf den ich mein Leben baue, ist nicht die Zustimmung der Menschen, sondern letztlich Gottes Liebe. Wenn ich so auf die Verachtung durch die anderen reagiere, hat sie keine Macht über mich.

Es liegt also wieder in meiner Entscheidung, wie ich auf das reagiere, was mich aus der Gemeinschaft ausschließt und mich verfolgt. Ich kann beim Mobbing in Selbstmitleid zerfließen oder aber ich kann die Situation als Herausforderung annehmen, innerlich zu wachsen. Dann erringe ich einen festen Stand, von dem aus ich das, was andere mit mir tun, beobachten kann, ohne umgeworfen zu werden.

Jesus verheißt denen, die von der Gemeinschaft ausgeschlossen werden, einen großen Lohn im Himmel. Das klingt für uns wie eine Vertröstung. Doch es meint, dass wir jetzt, da wir von anderen Menschen verfolgt werden, in uns den Raum des Himmels entdecken können. Die Verfolgung zwingt uns, in uns einen Ort der Zuflucht zu entdecken, in dem wir den Himmel in uns erleben. Dort fühlen wir uns frei und geliebt, weil Gott in ihm wohnt.

Den Armen, Hungernden, Weinenden und Beschimpften zeigt Jesus Wege auf, wie sie sich für die Seligkeit, für das Glück, für die Freude entscheiden können. In den vier Weherufen, die den Seligpreisungen folgen, wendet sich Jesus an die Reichen, die Satten, die Lachenden und die von den Menschen Gelobten. Er spricht sie in der Du-Form an und mahnt sie: Dein Reichtum kann zunichte werden, dein Lachen sich in Weinen verwandeln und dein Sattsein in Hunger. Schau zu, dass du dich nicht allzu sicher fühlst. Dein Leben kann sich ins Gegenteil verwandeln. Nichts, was du jetzt hast, ist sicher. Du kannst dich nicht auf deiner jetzigen Situation ausruhen. Daher entscheide dich für das Leben.

Den Reichen sagt er: Wenn du dich nur von deinem Reichtum her definierst, dann hast du keinen anderen Trost mehr, dann verlierst du den Halt. Du hast nichts, auf das du wirklich bauen kannst. Also entscheide dich für das, was dein Leben wirklich trägt: Entscheide dich für den inneren Reichtum. Dem Satten sagt er: Wenn du deinen inneren Hunger mit Essen und Trinken zustopfst, dann wirst du innerlich immer mehr hungern. Also entscheide dich für das, was dich wirklich nährt. Und denke daran, dass nur Sattsein müde macht und träge und du in deinem Sattsein am Leben vorbeilebst. Entscheide dich für das Leben. Sonst wirst du von deiner inneren Leere zerfressen.

Den Lachenden ruft er zu: Passt auf, dass euer Lachen über andere sich nicht gegen euch selbst wendet, so dass ihr die Ausgelachten seid. Jesus verweist die Menschen auf die Folgen ihres Tuns. Es ist nicht selbstverständlich, dass die Lachenden immer lachen. Sie werden weinen, wenn sie sich nicht für das Leben entscheiden.

Denen, die sich auf das Lob der Menschen verlassen, hält Jesus vor Augen, wie brüchig das Fundament des Lobes ist. Wir erfahren das heute täglich in der Gesellschaft: Menschen werden in den Medien hochgelobt und kurze Zeit später in die Hölle verdammt.

All das, worauf wir unser Leben bauen – Reichtum, Sattsein, Lachen und Anerkennung –, ist brüchig. Wir sollten uns daher für ein Fundament entscheiden, das trägt. Nichts ist sicher. Es braucht immer wieder von neuem die Entscheidung für das Leben. Wer sich für das Leben entscheidet, der ist wie ein kluger Mann, der sein Haus auf einen Felsen baut. Dessen Haus kann dann durch das Zerbrechen der Illusionen nicht zerstört werden. Es ist auf ein festes Fundament, letztlich auf Gott selbst, gebaut. Der kluge Mann hat die Worte Jesu nicht nur gehört, sondern auch danach gehandelt. Er hat sich entschieden, so zu leben, wie Jesus es ihm gesagt hat. Diese Entscheidung bietet ein Fundament, auf dem er sein Lebenshaus so errichten kann, dass es durch Krisen, durch Stürme, durch Anfeindungen von außen, durch Ablehnung und Verurteiltwerden nicht zerstört wird.

Lukas will mit diesen vier Seligpreisungen und den vier Weherufen sagen: Du musst dich entscheiden, ob du selig und glücklich werden willst oder ob du dir selbst schadest. Und er sagt: Ganz gleich, in welcher Situation du bist, ob in Armut oder Reichtum, bilde dir nichts darauf ein. Es kommt in jeder Situation darauf an, dich für Gott zu entscheiden. Nur dann wird dein Leben gelingen. Ruhe dich nicht aus, weder auf deinem Reichtum noch auf deiner Frömmigkeit, sondern entscheide dich jeden Augenblick für Gott. Und entscheide dich für den Weg, der wirklich zum Leben führt.

Man könnte auch die Worte der Feldrede bei Lukas als Aufruf zur Entscheidung für das Leben verstehen. »Euch, die ihr mir zuhört, sage ich: Liebt eure Feinde; tut denen Gutes, die euch hassen. Segnet die, die euch verfluchen, betet für die, die euch misshandeln.« (Lukas 6,27f) Feindschaft entsteht immer aus Projektion. Jemand projiziert etwas in mich hinein, was er bei sich selbst nicht annehmen kann. Es ist aber meine Entscheidung, wie ich darauf reagiere: Ob ich die Feindschaft annehme und dann gegen den Feind kämpfe oder ob ich die Projektion durchschaue, mich von ihr distanziere und im Feind den Hilfsbedürftigen und Ängstlichen sehe, der seine Angst auf mich projiziert.

Ich entscheide mich für eine ganz bestimmte Sichtweise. Es ist die Sichtweise der Liebe, die im Feind den Menschen sieht, der sich nach Liebe sehnt. Die Liebe ist eine aktive Reaktion. Wenn ich auf die Feindschaft mit Feindschaft reagiere, bleibe ich in der Passivität stecken. Ich lasse mir vom Feind die Reaktion aufdrängen.

Jesus zeigt uns drei Weisen, wie wir aktiv auf die Feindschaft eines anderen reagieren können. In jeder dieser drei Reaktionen entscheiden wir uns, aus der Opferrolle auszusteigen und selbst zum Handelnden zu werden, der die Situation, in die er passiv geraten ist, aktiv zu verwandeln vermag.

Die erste Reaktion zeigt sich für Jesus darin, dass ich denen Gutes tue, die mich hassen. Indem ich sie gut behandle, kann ich sie verwandeln. Wenn ich ihnen Böses antue, fühlen sie sich in ihrem Hass und ihrer Bosheit bestätigt. Doch ich lasse mir mein Handeln nicht vom anderen aufzwingen, auch nicht vom Feind. Ich tue das, was meinem Wesen entspricht.

Die zweite Reaktion ist das Segnen. Im Segnen sende ich gleichsam eine positive Energie zu dem, der mich verflucht, der mich mit Worten kränkt und der negative Worte gegen mich schleudert. Mein Segen erweist sich als stärker. Er schützt mich vor der negativen Energie des anderen. Und er ermöglicht es mir, dem anderen auf neue Weise zu begegnen. Die Entscheidung, den anderen zu segnen, tut mir selbst gut. Es ist eine Entscheidung für das Leben. Bei Kursen mache ich mit den Teilnehmern oft die Übung, dass sie den Menschen segnen sollen, mit dem sie gerade Schwierigkeiten haben. Eine Frau erzählte mir, es sei ihr dabei gutgegangen. Sie habe den Segen wie einen Schutzschild erlebt, der sie vor den negativen Emotionen des anderen geschützt habe. Und sie sei nicht in der passiven Rolle geblieben. Sie habe den Segen als aktive Energie empfunden, die stärker sei als das Negative, das vom anderen auf sie einströme.

Die dritte Reaktion auf die Feindschaft ist das Beten für die Menschen, die mich misshandeln. Indem ich für sie bete, entscheide ich mich für eine aktive Reaktion. Ich bleibe nicht in der Opferrolle, sondern ich werde aktiv und bete. Im Gebet wende ich mich an Gott. Aber ich bete auch für die Menschen. Ich wende mich den Menschen in einer positiven Weise zu. Ich bitte für sie, dass sie ihren inneren Frieden finden. Das Beten verändert meine Sichtweise. Ich versuche mich, im Gebet in den anderen hineinzudenken: Was braucht er? Wonach sehnt er sich? Und so bete ich, dass Gott ihm das schenkt, wonach er sich sehnt und was er braucht, um mit sich selbst im Frieden zu leben.

Jesus fordert uns auf, uns für unseren ganz persönlichen Weg zu entscheiden. Es genügt nicht, einfach das zu tun, was die anderen tun, nur im allgemeinen Strom mitzuschwimmen. Jesus drückt das mit dem Bild der engen Tür aus: »Bemüht euch mit allen Kräften, durch die enge Tür zu gelangen; denn viele, sage ich euch, werden versuchen, hineinzukommen, aber es wird ihnen nicht gelingen.« (Lukas 13,24)

Die enge Tür ist die Tür, durch die ich treten muss, um den Weg zu gehen, den Gott mir zugedacht hat, auf dem mein Leben stimmig wird. Es braucht eine Entscheidung, dass ich wirklich mein eigenes Leben lebe und meinen Weg gehe, der mich in die Lebendigkeit, Freiheit und Weite führt und auf dem mein Leben Frucht für andere bringt.

Jesus wendet sich an die Menschen, die meinen, sie würden doch fromm leben, sie hätten doch mit ihm zusammen gegessen und getrunken. Doch Jesus sagt: »Weg von mir, ihr habt alle Unrecht getan!« (Lukas 13,27)

Wer sich nicht auf seinen individuellen und einmaligen Weg einlässt, den ihm Gott zugewiesen hat, der tut Unrecht, der lebt ohne Beziehung zu seinem inneren Kern. Er tut zwar nach außen hin das Fromme – er geht etwa in die Kirche –, aber er kennt Jesus letztlich nicht. Auch in diesem Wort zeigt sich Lukas als der Evangelist der Entscheidung.

Wie wir eine Entscheidung treffen sollen, zeigt uns Jesus im Gleichnis vom Turmbau: »Wenn einer von euch einen Turm bauen will, setzt er sich dann nicht zuerst hin und rechnet, ob seine Mittel für das ganze Vorhaben ausreichen? Sonst könnte es geschehen, dass er das Fundament gelegt hat, dann aber den Bau nicht fertigstellen kann. Und alle, die es sehen, würden ihn verspotten und sagen: Der da hat einen Bau begonnen und konnte ihn nicht zu Ende führen.« (Lukas 14,28–30)

Bevor wir uns entscheiden, einen Turm zu bauen, müssen wir erst einmal überlegen, ob wir genügend Mittel haben. Das Bild vom Turm gilt für alle Entscheidungen. Bevor wir einen Beruf ergreifen, müssen wir überlegen, ob wir überhaupt die Fähigkeiten dazu haben. Bevor wir eine Entscheidung über unser Leben treffen, sollen wir uns hinsetzen und nachdenken, ob wir damit glücklich werden. Wir sollten uns fragen, ob diese Perspektive realistisch ist oder ob wir uns etwas vormachen und einer Illusion nachlaufen.

Der Turm ist auch ein Symbol für unser Selbstbild. Wir sollen die Entscheidungen über unser Leben so treffen, dass sie mit unserem Selbstbild übereinstimmen. Ein Beispiel: Eine Frau litt an Minderwertigkeitsgefühlen. Sie machte eine Therapie. Ihr Therapeut ermutigte sie, sich mehr zuzutrauen. So schrie sie auf einmal ihre Arbeitskollegen an und äußerte alle jene Aggressionen, die sie jahrelang unterdrückt hatte. Als sie jedoch daheim allein in ihrer Wohnung saß, fiel das mühsam aufgebaute Selbstwertgefühl in sich zusammen. Sie saß wie ein Häuflein Elend da. Sie hatte ihren Turm groß geplant, aber sie hatte die Mittel nicht. Sie hat sich zu einem Verhalten entschieden, das ihrer Selbsteinschätzung nicht entsprach. Damit hat sie sich selbst geschadet. Wir müssen uns so entscheiden, dass es unserem Maß und unserem Vermögen entspricht.

Unsere Potenziale, mit denen wir bauen können, sind unsere Lebensgeschichte, unsere Fähigkeiten, aber auch unsere Verletzungen. All das ist das Material, das wir in unseren Turm einsetzen. Wir übernehmen mit der Entscheidung die Verantwortung über unser Leben. Statt andere anzuklagen, dass wir zu wenig Mittel haben, sind wir bereit, mit den uns zugeteilten Mitteln jenen Turm zu bauen, der unserem Wesen entspricht.

Jesus spricht von klugen Entscheidungen. Der kluge Mann baut sein Haus auf den Felsen, nicht auf den Sand seiner Illusionen. Der kluge Verwalter trifft die für den Augenblick beste Entscheidung. Er hat keine Chance, sich seinem Herrn gegenüber zu rechtfertigen. Also nutzt er die Gelegenheit und lässt die Schuldner kommen, um ihnen einen großen Teil ihrer Schuld zu erlassen. Mit dieser Entscheidung sichert er sich nach seiner Entlassung genügend Freunde, die ihn stützen. Es ist eine Entscheidung in einer schwierigen Situation. Statt den Kopf in den Sand zu stecken, tut er das, was für ihn optimal ist. (Vgl. Lukas 16,1–8)

Klugheit ist die Tugend, gute Entscheidungen zu treffen. Frömmigkeit allein reicht nicht, um sich richtig zu entscheiden. Nach Thomas von Aquin geht es der Klugheit nicht nur darum, das Richtige zu erkennen, sondern darum, dass das »Wissen um die Wirklichkeit umgeformt werde in den klugen Beschluss«. (Pieper 28) Die Klugheit ist die Fähigkeit, »eine unvermutete Situation augenblicks zu erfassen und mit äußerster Schlagfertigkeit sich zu entscheiden«. (Pieper 30)

Unschlüssigkeit ist nach der Philosophie Thomas von Aquins ein Zeichen mangelnder Klugheit. Der erste Schritt der Klugheit ist die Erkenntnis der konkreten Situation. Der zweite Schritt ist die Umsetzung in das Tun, in die Entscheidung.

Kluge Entscheidungen verlangen jedoch »providentia«: das Vorausschauen. Nur wenn ich das Ziel vor Augen habe, kann ich für den Augenblick kluge Entscheidungen treffen. Dabei betont Thomas, dass die Klugheit keine Gewissheit über die Wahrheit ist und dass sie deshalb die Sorge um die Folgen der Entscheidung nicht aufzuheben vermag. (Vgl. Pieper 39) Wer Gewissheit möchte, würde nie zu einer Entscheidung kommen.

Klugheit ist für Thomas von Aquin gerade das Gegenteil der »astutia«, der Verschlagenheit, der es nur um das Taktieren geht. Die Klugheit wählt den Weg, der der Wahrheit entspricht und der den Menschen zum wahren Leben führt. Für Josef Pieper gehört es zum Wesen der Entscheidung, »dass sie nur von dem getroffen werden kann, der eben in diese Entscheidung gestellt ist«. (Pieper 60) Und zugleich gilt: Ich entscheide nicht nur für etwas oder gegen etwas, ich entscheide immer mich selbst. Entscheidung trifft immer die Person selbst, die sich für oder gegen etwas entscheidet.

Was mit Entscheidung gemeint ist, drückt die Bibel oft mit dem Begriff des »Wählens« aus. Schon das Alte Testament stellt uns vor die Entscheidung, zwischen Tod und Leben zu wählen. Im Psalm 119 sagt der Beter: »Ich wählte den Weg der Wahrheit.« (Psalm 119,30) Im Lukasevangelium sagt Jesus von Maria: »Maria hat den guten Teil gewählt. Der soll ihr nicht genommen werden.« (Lukas 10,42) Maria hat eine Entscheidung, eine Wahl getroffen. Sie hat sich für das Zuhören und gegen das Bedienen entschieden. Marta, ihre Schwester, war mit dieser Entscheidung nicht einverstanden. Sie hätte lieber gehabt, Maria hätte ihr geholfen. Das ist die normale Tätigkeit einer Hausfrau, sobald Gäste kommen. Doch Maria hat sich anders entschieden. Sie wollte zuerst hören, was Jesus zu sagen hat.

Wir meinen oft, wir müssten das tun, was von uns erwartet wird. Aber oft sind es unsere eigenen Erwartungen, denen wir dann folgen. Wir folgen nicht dem Herzen, sondern dem, was üblich ist. Maria hat sich entschieden, das zu tun, was der Gastfreundschaft noch mehr entspricht: auf das zu hören, was der Gast zu sagen hat. Jesus antwortet der Marta auf ihre Bitte, er möge doch Maria sagen, dass sie ihr helfen solle: »Marta, Marta, du machst dir viele Sorgen und Mühen. Aber nur eines ist notwendig. Maria hat den guten Teil gewählt. Der soll ihr nicht genommen werden.« (Lukas 10,41)

Während wir oft wie Marta im vielen aufgehen und uns davon zerreißen lassen, hat Maria den guten Teil gewählt: das Eine, das Einswerden. Indem sie auf Jesus gehört hat, ist sie mit dem Wort und mit sich selbst eins geworden. Bei allem, was wir tun, sollten wir uns immer für das Eine entscheiden, auf das es ankommt, dass wir eins werden, in Einklang kommen mit unserem wahren Wesen.

2

Der Mensch ist Entscheidung

Die Theologie hat sich mit dem Thema Entscheidung vor allem in den sechziger Jahren des 20. Jahrhunderts auseinandergesetzt. Ihr geht es nicht um die Frage, wie ich einzelne Entscheidungen in guter Weise zu treffen vermag. Sie bedenkt vielmehr das Wesen des Menschen. Und zum Wesen des Menschen gehört, dass er in sich Entscheidung ist. Der Mensch entscheidet sich nicht nur immer wieder, er ist von seinem Wesen Entscheidung. Er lebt nicht einfach nur dahin – das würde seinem Wesen widersprechen. Er muss als Mensch eine Entscheidung für sich und sein geschichtliches Wesen treffen. Sonst verfehlt er sein Menschsein.

Gegenüber der griechischen Philosophie, in der der einzelne Mensch nur ein Exemplar der Gattung Mensch ist, hat die jüdische und christliche Tradition immer die Einmaligkeit jedes einzelnen Menschen und seine Geschichtlichkeit betont. Beim Nachdenken über die Geschichtlichkeit des Menschen kam der Entscheidung eine wichtige Bedeutung zu. Durch die Entscheidung formt der Mensch seine einmalige geschichtliche Existenz. Ein anderer zentraler Begriff ist »Freiheit«. Der Mensch ist frei, sich für Gott oder gegen Gott zu entscheiden. Und er gewinnt sich selbst, sein wahres Wesen durch seine Entscheidungen.

Die Theologen Johann B. Metz und Karl Rahner beziehen sich hier vor allem auf Søren Kierkegaard, der den Menschen in die unausweichliche Entscheidung gestellt hat. Der Mensch entscheidet über sich in seiner Geschichte, aber er entscheidet auch die Geschichte: Er prägt die Geschichte mit seinen Entscheidungen. Der Mensch ist nicht einfach nur vorhanden, er muss vielmehr erst werden, was er sein will. Er bestimmt in gewisser Weise durch seine Entscheidungen sein Sein. Er schafft durch die Entscheidungen, die er im Laufe seines Lebens trifft, seine geschichtlich-einmalige Existenz.

Wenn der Mensch geboren wird, hat er viele Möglichkeiten vor sich. Seine Aufgabe ist es, seine ganz persönlichen Möglichkeiten zu ergreifen und dadurch seine Existenz zu prägen. In seiner Entscheidung legt sich der Mensch fest und gerät so in eine gewisse Enge. Er muss von vielen bereitliegenden Möglichkeiten Abschied nehmen. So gestaltet er seine persönliche Geschichte.

Mit diesen Gedanken tut sich der heutige Mensch schwer. Denn er möchte sich am liebsten alle Türen offenhalten. Aber der Mensch, der sich nicht entscheidet und nicht bereit ist, sich an seine Entscheidungen zu binden, bleibt formlos. Er entwickelt sich nicht. Wer sich alle Türen offenhält, der steht irgendwann vor lauter verschlossenen Türen. Die Frage der Entscheidungsfähigkeit eines Menschen zielt nicht nur auf seine Willensstärke, sondern letztlich auch darauf, wie er sich selbst versteht. Zum Wesen des Menschen gehört, dass er sich durch Entscheidungen festlegt und dass er auf diese Weise seine Geschichte gestaltet.

Wer seine Geschichte nicht annimmt, weil er sie immer offenhalten will, der wird nicht wachsen. Er bleibt stehen. Er bleibt unschlüssig. Das widerspricht nach Thomas von Aquin der Würde des Menschen. Wenn ich heirate, lege ich mich fest. Wenn ich ins Kloster gehe, treffe ich eine Entscheidung, die mich bindet. Natürlich gibt es bei aller Bereitschaft, sich zu binden, auch die Erfahrung, dass eine Bindung zerbrechen kann. Aber das mögliche Zerbrechen ist kein Argument, sich gar nicht zu binden.

Die Entscheidung des Menschen hat für die Theologie die Tendenz »zum Unaustauschbaren und Unwiderruflichen«. (Metz 284) Der Mensch muss den »kairos«, die ihm angebotene

Stunde, »die Chance des Augenblicks« (Metz 284) nutzen. So kommt er aus der Zerstreuung in die Ganzheit.

Der Mensch kann mit seiner Entscheidung jedoch auch scheitern und versagen. Er kann den rechten Augenblick, den ihm von Gott angebotenen »kairos«, verpassen. Dann lebt er unentschieden und verpasst letztlich sich selbst. Denn »Dasein kann auf die Dauer nicht unentschieden bleiben: Entweder der Mensch entscheidet sich selbst, oder es wird über ihn entschieden, und er sinkt dabei herab unter die Würde seiner geschichtlichen Existenz.« (Metz 284f)

Eine wichtige Weise, sich zu entscheiden, ist für den Menschen der Glaube. Der Glaube ist die »Grundentscheidung des Menschen auf Gott hin«. (Metz 287) Die Grundentscheidung für Gott prägt dann alle einzelnen Entscheidungen, die der Mensch im Lauf seines Lebens trifft und in denen er immer mehr seine geschichtliche Existenz formt.

Ich habe in der Begleitung immer wieder Menschen getroffen, die sich nach einer Partnerschaft gesehnt haben. Doch als sie dann einen Freund oder eine Freundin hatten, an die sie sich hätten binden können, bekamen sie Angst. Sie haben sich nicht entschieden. Dann hat das Leben über sie entschieden. Sie sind nun auch mit 50 Jahren noch ohne Partner oder Partnerin. Sie klagen, dass sie niemanden gefunden hätten. Aber sie konnten sich nicht entscheiden, weil sie auf die optimale Lösung, auf den idealen Partner beziehungsweise die ideale Partnerin gewartet haben. Vor lauter Warten haben sich die Türen zu einer gelingenden Partnerschaft für sie immer mehr geschlossen.

Der Jesuit und Theologe Karl Rahner hat das Thema Entscheidung vor allem im Blick auf den Tod meditiert. Der Mensch ist ein Wesen, das sich immer wieder entscheiden muss. Doch unsere Entscheidungen treffen wir meist nicht in voller Freiheit. Wir sind darin oft genug geprägt von unserer Lebensgeschichte: Von den Verletzungen, die uns daran hindern, uns aus freien Stücken zu entscheiden.

Der Tod ist die letzte Entscheidung des Menschen. In ihr entscheidet er, so Rahner, über das Ganze seines Lebens – und zwar in voller Klarheit. In dem Augenblick, in dem sich die Seele vom Leib trennt, vermag die Seele ganz über sich zu verfügen. Die Trennung von Leib und Seele versteht Rahner jedoch nicht so, dass der Leib vergeht und die Seele akosmisch wird. Vielmehr meint die Trennung von Leib und Seele im Tod, dass die Seele ein anderes Verhältnis zum Leib annimmt.

Im Augenblick der Trennung von Leib und Seele entscheidet sich der Mensch in seiner Ganzheit für oder gegen Gott. Das bedeutet nicht, dass wir uns die Entscheidung über unser Leben für den Tod aufheben sollen. Denn in den Entscheidungen, die wir in unserem Leben treffen, üben wir uns in diese letzte Entscheidung des Todes ein.

Der Tod ist für Karl Rahner auf der einen Seite Widerfahrnis von außen: Er trifft uns durch eine Krankheit, durch einen Unfall, durch einen plötzlichen Stillstand des Lebens. Aber das ist nur das Äußere, das wir beobachten. Den inneren Augenblick des Todes, in dem wir mit unserer gesamten Existenz vor Gott kommen und uns für oder gegen Gottes Liebe entscheiden, können wir nicht mehr von außen beobachten. Im Tod erfährt unsere Grundentscheidung, die wir im Leben immer wieder von neuem realisiert haben, ihre Endgültigkeit. Daher mahnt uns der Tod daran, uns in unserem Leben immer wieder klar und bewusst für Gott zu entscheiden: im Vertrauen, dass wir uns dann im Tod für immer für Gott entscheiden werden.

Der Gedanke an die eigene Endlichkeit erinnert mich daran, dass ich mein Leben lang einüben muss, mich für das Leben zu entscheiden, damit ich mich auch im Tod für das Leben entscheiden kann. Ich darf vertrauen, dass mir dann im Tod die

Entscheidung für das Leben und die Entscheidung für Gott gelingt.

Der tschechische Theologe und Philosoph Tomáš Halík bringt die menschliche Entscheidung mit der Erfahrung Gottes zusammen. Er interpretiert die Offenbarung Gottes am brennenden Dornbusch in diesem Sinn. Er lässt Gott zu Mose sagen: »Wenn du dich des Auftrags annimmst, zu dem ich dich entsende (du sollst gehen und mein Volk befreien), dann werde ich mit dir sein.« (Halík 5)

Tomáš Halík versteht Gott – im Sinne des an der Schwelle zur Neuzeit stehenden Philosophen Nikolaus Kusanus – als Möglichkeit. Gott schenkt sich uns als Möglichkeit. Indem wir uns für den Auftrag entscheiden, zu dem Gott uns sendet, »werden wir begreifen: Er wird darin mit uns sein. Gott kommt als Möglichkeit, man muss allerdings in diese Möglichkeit eintreten – und der Eintritt in die Möglichkeiten Gottes heißt Glaube«. (Halík 5)

Halík greift mit seiner Deutung der Gottesoffenbarung Gedanken von Romano Guardini auf, dessen Preis ihm die Katholische Akademie in Bayern verliehen hat. Guardini war der Überzeugung, der Glaube der Zukunft würde »karger, dafür aber reiner, kräftiger, lebensnaher sein, ›sein Schwerpunkt wird tiefer in das Personale – in Entscheidung rücken‹«. (Halík 2)

Glaube heißt demnach: sich für die Möglichkeiten Gottes entscheiden. Und indem ich mich für das entscheide, was Gott mir zumutet, erfahre ich Gott als den Gegenwärtigen, als den, der mit mir geht und mir immer neue Möglichkeiten meiner Existenz, aber zugleich neue Möglichkeiten für unsere gemeinsame Welt eröffnet.

Für Halík geht es dabei nicht nur um die Frage, ob ich in bestimmten Situationen die richtige Entscheidung treffe. Es geht ihm vielmehr darum, dass ich mich entscheide, dem Anruf Gottes zu folgen. Indem ich mich entscheide, erfahre ich Gott. Wir sehen das oft umgekehrt. Wir bitten Gott, dass wir uns richtig entscheiden. Halik meint: Indem ich mich für den inneren Impuls entscheide, den ich in meiner Seele höre, werde ich Gottes Gegenwart und helfende Nähe erfahren. Die Entscheidung selbst schafft einen Raum der Gotteserfahrung.

Auch wenn manchem diese theologischen Überlegungen etwas fremd vorkommen, drücken sie für mich einen wichtigen Gedanken aus: Wir sind für uns selbst verantwortlich. Wir schaffen unsere eigene Existenz in gewisser Weise durch unsere Entscheidungen. Wir legen uns fest, indem wir uns entscheiden. Und in jeder Entscheidung spielt letztlich auch die Entscheidung für oder gegen Gott mit – auch wenn Gott nicht bei jeder Entscheidung bewusst mitgedacht wird.

Es gibt Grundentscheidungen, die wir über unser Sein zu treffen haben. Aus dieser Grundentscheidung für oder gegen Gott, für oder gegen unser wahres Wesen, fließen dann die einzelnen Entscheidungen in unserer Lebensgeschichte. Das Nachdenken über die Entscheidung ist also nicht nur ein Nebenthema, sondern ein zentrales Thema für die Theologie, der es um Gelingen oder Misslingen unserer Menschwerdung geht. Richtig über das Thema »Entscheidung« zu reflektieren, heißt für die Theologie: angemessen über den Menschen nachzudenken und ein richtiges Bild von Gott zu bekommen.

3

Hindernisse beim Entscheiden

Im Gespräch mit Menschen, die sich mit Entscheidungen schwertun, frage ich immer, was sie an der Entscheidung hindert. Oft sagen sie dann, sie wüssten nicht, was richtig ist. Oder sie haben den Eindruck, sie könnten sich bei der großen Auswahl von Möglichkeiten nicht für einen Weg entscheiden. Denn es könnte sein, dass sich später herausstellen würde, ein anderer Weg sei doch besser gewesen. Ich treffe bei diesen Menschen auf Einstellungen, die sie daran hindern, sich zu entscheiden. Die Bilder, die sie von sich selbst haben, machen es ihnen schwer, Entscheidungen zu treffen. Daher ist es wichtig, die Bilder und Vorstellungen zu untersuchen, die hinter der Entscheidungsunfähigkeit stehen.

Eine solche Einstellung ist etwa der Perfektionismus: Menschen meinen, sie müssten immer die absolut richtige Entscheidung treffen. Doch es gibt keine absolut richtige Entscheidung. Jede Entscheidung ist relativ. Wir können nie vorhersagen, was uns alles auf dem Weg begegnen wird, für den wir uns entscheiden. Deshalb müssen wir uns mit der Relativität unseres Lebens und unserer Entscheidungen bescheiden. Diese Bescheidung fällt dem Perfektionisten schwer.

Der Perfektionist möchte alles im Griff haben. Doch eine Entscheidung zu fällen bedeutet das Gegenteil: Es bedeutet, die Sicherheit aus der Hand geben, das loszulassen, was ich gerne festhalten möchte.

Perfektionisten haben auch bei kleinen Entscheidungen oft große Probleme. Eine Frau wollte sich ein Auto kaufen. Doch sie konnte sich nicht für eine Farbe entscheiden. Bei allen Farben, die die Firma anbot, hatte sie Bedenken. Keine Farbe erfüllte ihre Ansprüche. So trug sie sich wochenlang mit der Frage herum, welche der angebotenen Farben sie wählen sollte, und verbrauchte so ganz viel Energie. Es war auf der einen Seite der eigene Geschmack, über den sie sich selbst nicht ganz klar war. Und es war auf der anderen Seite die Angst, wie andere auf ihr Auto mit dieser Farbe reagieren könnten. Sie machte sich abhängig von dem Urteil der anderen. Letztlich ist es nicht so wichtig, welche Farbe ich für mein Auto wähle. Ich kann mich an jedes Auto gewöhnen. Aber für manche ist diese Wahl ein »Staatsakt«.

Ein anderes Beispiel: Bei Kursen lasse ich oft kleine Gruppen bilden, die sich über ein Problem unterhalten. Manche Kursteilnehmer können sich dabei kaum entscheiden, in welche Gruppe sie gehen sollen. Andere entscheiden sich zwar für eine Gruppe, doch dann schauen sie ständig zu den anderen Gruppen hin. In der einen Gruppe wird vielleicht gerade viel gelacht – und schon haben sie Zweifel, ob sie die richtige Gruppe gewählt haben: Vielleicht wäre die andere Gruppe für sie besser und angenehmer ... Dieses Nachgrübeln, ob eine andere Gruppe für sie besser wäre, hindert die Kursteilnehmer daran, sich auf genau die Gruppe einzulassen, in der sie jetzt sind. Und so können sie natürlich an keinem guten Gespräch teilnehmen, weil sie in sich selbst zerrissen sind. Sie begegnen den anderen Menschen in ihrer Gruppe gar nicht. Und so kann sich kein guter Austausch entwickeln.

Der Perfektionismus ist oft mit dem Zwang verbunden, alles kontrollieren zu wollen. Doch wenn ich eine Entscheidung treffe, gebe ich die Kontrolle aus der Hand. Ich vertraue mich der Entscheidung und letztlich Gott an. Daher ist es oft ein Mangel an Vertrauen, der uns die Entscheidung so schwer macht.

Wir haben nie die Garantie, dass wir bei einer Entscheidung alle Eventualitäten bedenken können. Und selbst wenn wir alle Informationen berücksichtigen, die wir erkundet haben, haben wir immer noch keine Sicherheit, dass unsere Entscheidung auf Dauer Segen bringen wird. Ob sie Segen bringt, hängt nicht allein von unserem Denken und Überlegen, sondern im Letzten von Gott ab. Daher braucht es das Vertrauen in Gott, dass er meine Entscheidungen segnet und dass daraus Segen für mich und für die Menschen erwachsen wird.

Letztlich vertraue ich mich in meinen Entscheidungen Gott an, dass er das Beste daraus macht. Jeder Weg, für den ich mich entschieden habe, wird mir auch Hindernisse bereiten und mich durch Engpässe hindurchführen. Viele Menschen beginnen dann an ihrer Entscheidung zu zweifeln. Doch die Frage ist: Was ist überhaupt eine falsche Entscheidung? Wir sollen vertrauen, dass wir durch die Entscheidungen hindurch den Weg finden, der von Gott gesegnet ist. Und Gottes Segen steht uns auch dann bei, wenn unser Weg schwierig und mühsam wird. Vielleicht können wir dann gerade daran reifen.

Die Märchen erzählen uns oft, dass sich jemand für einen Weg entscheidet, den wir für falsch halten. Aber derjenige muss sich offensichtlich so entscheiden. Denn die Schwierigkeiten, durch die er dann gehen muss, lassen ihn reifen. Im Märchen »Das Wasser des Lebens« geht der jüngste Sohn auf die Suche nach dem Wasser des Lebens, um damit seinen kranken Vater heilen zu können. Aber er möchte auch seine beiden Brüder finden. Ein Zwerg warnt ihn davor, sie zu suchen, denn sie hätten ein böses Herz. Aber der jüngste Bruder sucht sie trotzdem. Als er die beiden älteren Brüder endlich findet, rauben diese ihm aus Neid über den Erfolg das Wasser des Lebens und gießen bitteres Meerwasser in seinen Becher. Sein Vater wäre an diesem Wasser fast gestorben. So gibt dieser einem Jäger den Befehl, seinen jüngsten Sohn zu töten. Doch der Sohn versteckt sich und geht in den Wald hinein. Zuletzt nach all seinen Leiden findet er eine Königstochter und heiratet sie, während sich die beiden bösen Brüder aus dem Staub machen. Obwohl der jüngste Sohn anscheinend eine falsche Entscheidung getroffen hatte, wurde diese für ihn letztlich doch zum Segen.

In der geistlichen Begleitung erfahre ich oft ähnliche Situationen. Da entscheidet sich ein Mann für einen Weg, der mir als Begleiter als falsch erscheint. Aber er muss diesen Weg offensichtlich gehen, um auf diesem Weg zu reifen und zu seinem wahren Selbst zu finden. Nicht jede Entscheidung führt uns auf einen leichten Weg. Manche lassen uns durch große Gefahren gehen, andere durch Umwege und Irrwege. Und dennoch war diese oder jene Entscheidung letztlich richtig. Gott hat uns auf diesem Weg zum Ziel geführt: in die eigene Wahrheit und letztlich zum Glück. So zeigen es uns eben auch die Märchen.

Ein anderes Hindernis für das Treffen von Entscheidungen ist die Vorstellung, dass ich mir alle Türen offenhalten will. Wenn ich mich für einen Weg entscheide, dann entscheide ich mich gleichzeitig gegen einen anderen. Ich öffne eine Tür, aber ich schließe auch andere Türen zu. Und mit geschlossenen Türen können manche nicht leben.

Doch wenn sie alle Türen offen lassen, stehen sie immer im Durchzug. Das tut der Seele nicht gut. Und sie kommen nie weiter. Irgendwann fallen dann die offenen Türen von selbst zu und sie stehen vor lauter verschlossenen Türen.

Eine Abiturientin erzählte mir, sie wüsste nicht, was sie studieren soll. Sie hat in allen Fächern sehr gute Noten erzielt. Sie könnte also vom Abitur her sowohl Medizin studieren als auch Musik, sowohl Mathematik als auch Sport. Am liebsten würde sie alles machen. Aber ich kann nicht alles studieren. Ich muss mich für einen Weg entscheiden. Wenn ich mich für Medizin entscheide, kann ich Musik und Sport nur noch als Hobby betreiben, aber nicht mit der gleichen Kraft, als wenn ich mich für eines dieser Fächer entschieden habe. Und wenn ich Mathematik studiert habe, wird mein Leben ganz anders aussehen als das Leben einer Ärztin.

Gerade Menschen, denen viele Türen offenstehen, tun sich oft schwer, sich zu begrenzen und sich für eine Tür entscheiden. Ich muss mich aber für eine Tür entscheiden, um dort durchzugehen und so auf meinem Weg weiterzukommen. Manche haben Angst, die Tür könnte falsch sein. Die Angst sollte zur Einladung werden, auf Gott zu vertrauen, dass er mir in meinen Überlegungen zeigt, welches meine Tür ist, durch die ich durchgehen soll. Gott spricht zu mir in meinen Gefühlen. Dorthin, wo ich mehr Frieden spüre, soll ich die Entscheidung hinlenken. Und ich darf darauf vertrauen: Ganz gleich, welche Türe ich durchschreite, ich muss sie durchschreiten, um weiterzukommen. Sonst bewege ich mich gar nicht vom Fleck. Und das Gelingen meines Lebens hängt nicht allein davon ab, ob ich Musikerin oder Ärztin, Mathematikerin oder Sportlehrerin werde. Die äußeren Wege können das Gelingen unterstützen. Aber im Letzten kommt es darauf an, dass ich mich für das Leben entscheide. Die Konkretisierung des Lebens ist dabei zunächst sekundär.

Bei der Abiturientin war nicht nur die Angst, sie könnte die falsche Entscheidung treffen, das Problem. Damit verbunden war auch die Angst vor der eigenen Schuld. Sie meinte, sie wäre dann schuld, wenn ihr Leben nicht gelingt. Wenn sie die falsche Entscheidung treffen würde, würde sie sich das nie verzeihen können.

Auch hier ist es hilfreich, über die Schuldgefühle nachzudenken. Tendenziell meinen wir, dass wir ein Leben lang mit einer »weißen Weste« herumlaufen wollen. Wir wollen absolut schuldlos bleiben. Doch dieses Bild entspricht nicht unserer Wirklichkeit. Ob wir wollen oder nicht – wir werden in unserem Leben immer auch schuldig werden.

Im Bild des Gleichnisses vom klugen Verwalter gesprochen heißt das: Ob wir wollen oder nicht – wir werden immer etwas von dem Vermögen verschleudern, das Gott uns anvertraut hat. (Vgl. Lukas 16,1–8) Aber in jeder Situation meines Lebens muss ich mich dann so klug entscheiden, wie es der Verwalter im Gleichnis tut. Nur wenn ich mich damit aussöhne, dass ich schuldig werden kann oder dass Schuldgefühle in mir auftauchen können, kann ich mich entscheiden. Ich halte mich mit der Entscheidung, die man immer auch in Frage stellen kann, Gott hin und vertraue darauf, dass er diese Entscheidung segnen möge.

Jesus hat von der engen Tür gesprochen, durch die wir gehen sollen. Dieses Bild hat der heilige Benedikt in seiner Regel aufgegriffen. Er meint, wer sich für das Kloster entscheidet, geht einen engen Weg. Aber dann weitet sich der Weg und er führt zu einem weiten Herzen: »Fliehe nicht vom Weg des Heils; er kann am Anfang nicht anders sein als eng. Wer aber im klösterlichen Leben und im Glauben fortschreitet, dem wird das Herz weit, und er läuft in unsagbarem Glück der Liebe den Weg der Gebote Gottes.« (Benediktsregel, Prolog) Im Lateinischen spricht Benedikt hier von der Süßigkeit der Liebe, vom angenehmen Geschmack der Liebe. Wer den engen Weg zum Leben geht, dessen Herz wird weit und es wird vom süßen Geschmack der Liebe erfüllt. Wer nicht den Mut hat, durch die enge Tür zu gehen, wird nie in diese Weite kommen.

Der deutsche Mystiker Johannes Tauler hat dafür ein anderes Bild gebraucht. Er sagt: Jeder Mensch kommt in seinem Leben an einen Engpass. Er muss durch diesen Engpass hindurch, um innerlich weiterzukommen. Heute aber machen es viele Menschen so, dass sie immer dann, wenn ihre »Bahngleise« zu einem Engpass führen, auf ein anderes Gleis überspringen. Sie probieren verschiedene Methoden aus, die ihnen der spirituelle oder psychologische »Supermarkt« anbietet. Doch wenn sie mit dieser Methode an einen Engpass kommen, springen sie auf das nächste Gleis. So gelangen sie nie durch den Engpass, der den ursprünglichen Weg dann nach und nach weitet.

Dieses Phänomen beobachte ich bei vielen Menschen, die von einer spirituellen oder psychologischen Methode zur anderen wechseln. Sie halten keinen Weg durch. Und so bleiben sie letztlich trotz allen Bemühens immer am gleichen Fleck stehen. Die Entscheidung führt immer durch eine Enge. Wer die Enge vermeiden will, kommt nicht weiter. Er erfährt nie eine innere Weite, Freiheit und Fruchtbarkeit. Er kreist letztlich immer um sich selbst. Es braucht Mut, durch den Engpass hindurchzugehen. Nur dann gelingt unser Leben.

Viele, die sich nach langen Überlegungen endlich für einen Weg entschieden haben, trauern den anderen Möglichkeiten nach, die sie durch ihre Entscheidung ausgeschlossen haben. Sie überlegen immer wieder, ob es nicht doch besser gewesen wäre, sich anders zu entscheiden. So lähmen sie sich selbst und rauben sich all jene Kraft, die sie brauchen, um auf dem Weg, für den sie sich entschieden haben, mit Energie weiterzugehen.

Wer sich für einen Weg entscheidet, entscheidet sich immer auch gegen andere. Und diese anderen Wege, die er ausgeschlossen hat, muss er betrauern. Betrauern ist dabei etwas anders als nachtrauern. Im Nachtrauern hänge ich ständig an den Möglichkeiten, die ich verpasst habe. Ich komme nicht weiter. Im Betrauern gehe ich durch den Schmerz hindurch, den ich empfinde, wenn ich an die verpassten Möglichkeiten denke. Indem ich durch den Schmerz gehe, komme ich mit dem Grund meiner Seele in Berührung und entdecke dort das Potenzial an Fähigkeiten, die Gott mir geschenkt hat.

Wer nachtrauert, ist nicht in Berührung mit dem Grund seiner Seele. Er bleibt an der Oberfläche hängen. Im Betrauern gehe ich durch den Schmerz hindurch. Aber dadurch lasse ich den Schmerz auch hinter mir. Der Weg durch den Schmerz führt mich zu mir selbst und zu meinem wahren Wesen. Wer diesen Weg verweigert, der findet nie zu seinem wahren Selbst. Er ist nie in seiner Mitte, sondern bleibt immer an der Oberfläche. Dort jammert er, trauert den verpassten Möglichkeiten nach und ertrinkt auf diese Weise im Selbstmitleid. Aber im Selbstmitleid kommt er nie an ein Ziel. Oder aber er klagt andere an, die daran schuld seien, dass er die falsche Entscheidung getroffen habe. Er klagt etwa seine Eltern an, die ihm zu dieser Entscheidung geraten haben. Oder er klagt seinen Freund an, der ihn nicht davon abgehalten habe, diesen Weg zu gehen. Er hätte es doch wissen müssen. Aber mit diesen Strategien des Nachtrauerns kommt man nie weiter.

Die heutige Werbung weiß von der Tendenz vieler Menschen, nach einer Entscheidung alles wieder in Frage zu stellen und sich Vorwürfe zu machen. So werben etwa Autofirmen nicht nur für teure Autos. Wenn ein Kunde ein teures Auto gekauft hat, dann schreiben sie zwei Wochen später einen Brief an den Kunden, in dem sie ihn nochmals zum Kauf beglückwünschen und die Gründe für den Kauf nochmals aufzählen. Sie wollen ihm die Zweifel nehmen, die nach der Entscheidung für dieses teure Auto in ihm aufgestiegen sein könnten. Wir sollten nicht auf Briefe von Firmen warten, sondern uns selbst beglückwünschen, dass wir diese oder jene Entscheidung getroffen haben. Das ist besser, als die Entscheidung im Nachhinein durch ständiges Bezweifeln oder Nachgrübeln zerfressen zu lassen.

Ein großes Hindernis, Entscheidungen zu treffen, ist die Angst. Diese Angst hat dabei viele Gesichter. Für die einen ist es die Angst vor dem Gerede der anderen. Sie meinen, wenn sie keine Entscheidung fällen, dann würden die anderen sie nicht kritisieren. Doch gerade so ziehen sie die Kritik auf sich. Es ist besser, eine weniger optimale Entscheidung zu treffen als keine. Denn letztlich ist auch die nichtgetroffene Entscheidung eine Entscheidung: »Auch das wird Konsequenzen haben. Man kann sich durch Nichtentscheiden nicht vor Konsequenzen schützen.« (Meier 143)

Die Angst, in seinen Entscheidungen kritisiert zu werden, führt zu einem Sicherheitsdenken. Der Schweizer Schiedsrichter Urs Meier berichtet, dass manche Firmen inzwischen für die Werbung oft fünf und mehr Werbeagenturen einschalten. Sie brauchen dann ganz viel Zeit, um all die Entwürfe zu sortieren. Oft genug wollen sie dann die verschiedenen Ideen miteinander vermengen. Und es kommt dann eine Lösung heraus, die schlechter ist als jede einzelne Strategie, die vorgeschlagen wurde. Für Meier ist das »ein Beispiel für ein weit verbreitetes Sicherheitsdenken, das auf der irrigen Annahme beruht, durch mehr Auswahl sinke die Gefahr, etwas zu übersehen, beziehungsweise das eigentliche Ziel zu verpassen«. (Meier 148)

Manchmal drückt sich die Angst vor Entscheidungen dann auch in »Hauruck«-Entscheidungen aus. »Die vorherige Entschlusslosigkeit soll durch eine Art Entscheidungsattacke wettgemacht werden. Scheinbar nimmt der Betreffende das Heft in die Hand, in Wahrheit ist dieses Das-machen-wir-jetzt-so-und-nicht-anders aber nur Ausdruck der Verzweiflung und der Ausweglosigkeit.« (Meier 149)

Die Angst vor der Entscheidung ist oft auch die Angst, sich durch eine Entscheidung außerhalb der Gemeinschaft zu stellen. Es ist die Angst vor dem Alleinsein. Wenn ich eine Entscheidung treffe, exponiere ich mich und mache mich angreifbar. Die anderen wissen es im Nachhinein oft besser, dass diese Entscheidung falsch gewesen sei. Also entscheide ich gar nicht und mache gerade so alles falsch. Wer entscheiden will, braucht Selbstvertrauen. Er muss darauf vertrauen, dass sein Wert nicht von der Beurteilung der anderen abhängt. Wer entscheidet, selbst wenn viele ihn kritisieren, kann gerade darin in seinem Selbstwertgefühl wachsen. Er steht zu sich in der Entscheidung, auch wenn sich viele gegen ihn stellen.

Viele tun sich schwer, zu entscheiden, weil sie Angst haben, sie würden sich für alle Zeit festlegen. Daher fällt es immer mehr Menschen schwer, eine Lebensentscheidung zu treffen – etwa eine Entscheidung für die lebenslange Bindung an einen Menschen oder die Entscheidung für einen Beruf oder die Entscheidung für den klösterlichen Weg. Sie haben Angst vor einer lebenslangen Festlegung und vor einer Bindung an einen anderen Menschen. Es könnte ja sein, dass der Partner oder die Partnerin sich anders entwickelt. Dann wäre ein Miteinander nicht mehr möglich.

Aber genauso schwer tun sich Menschen, sich in beruflicher Hinsicht festzulegen. Doch wenn mir eine Aufgabe angeboten wird – etwa eine Firma oder den elterlichen Bauernhof zu übernehmen –, dann muss ich eine Entscheidung treffen. Wir können eine solche Entscheidung nur treffen, wenn wir richtig über den Menschen nachdenken. Es gehört zum Wesen des Menschen, dass er sich in aller Freiheit an etwas oder an jemanden bindet. Auf diese Weise bekommt sein Leben eine klare Form. Diese Form hilft ihm, dass er innerlich wie äußerlich wächst und aufblüht. Ein Baum muss an einer Stelle wachsen, er kann nicht jede Woche umgepflanzt werden. Genauso muss sich der Mensch für etwas entscheiden, damit er an und in dieser Entscheidung wachsen kann. Wer vor lauter Angst, sich zu binden, gar nicht entscheidet, der bleibt ohne Halt. Er kann sich nicht einwurzeln. So kann nichts in ihm wachsen.

Fällt es dem Menschen heute grundsätzlich schwer, sich für die Zukunft festzulegen und sich an einen Menschen zu binden – etwa in der Ehe –, so kommt noch eine andere Schwierigkeit hinzu. Da ist einmal die Angst vor der Nähe des anderen. Wenn ich mich an einen anderen binde, dann öffne ich mich ihm. Ich gebe mich ihm preis. Davor haben viele Angst. Sobald sie anderen näherkommen, nehmen sie Reißaus. Sie haben Angst, der andere könnte ihre Schwächen entdecken.

Die Bindung an einen Menschen ist nur möglich, wenn ich bereit bin, mich in meiner Wahrheit dem anderen zuzumuten und zugleich auszusetzen. Und ich kann mich an einen anderen nur binden, wenn ich das Vertrauen habe, dass wir uns auf diesem gemeinsamen Weg gegenseitig stützen und herausfordern, so dass wir gemeinsam wachsen werden. Dass das nicht ohne Konflikte und Auseinandersetzungen gehen wird, muss uns klar sein. Aber diese Konflikte sind notwendig, um die Schalen aufzubrechen, die wir um uns aufgebaut haben. Nur so ist personale Begegnung möglich. Nur so entdecken wir unsere eigene Wahrheit und die Wahrheit des anderen. Das gelingt aber nur, wenn wir vom eigenen Ideal des Perfektseins Abschied nehmen und wenn wir unsere Erwartungen an den anderen von unseren Idealvorstellungen von ihm trennen.

Die Angst, die uns daran hindert, uns zu entscheiden, hängt immer mit bestimmten Bildern und Vorstellungen zusammen, die wir von uns und unserem Leben haben. Weil wir an unseren bisherigen Bildern festhalten, trauen wir uns nicht, uns zu entscheiden. Denn die Entscheidungen stellen das eigene Selbstbild und das Bild von meinem Leben in Frage. Und diese Infragestellung der eigenen Bilder macht Angst. Sie lähmt mich. Entscheiden kann sich nur derjenige, der bereit ist, seine Bilder von sich und vom Leben immer wieder loszulassen und sich auf das Neue einzulassen, das durch eine Entscheidung in sein Leben kommt.

Ein großes Hindernis, Entscheidungen treffen zu können, ist die mangelnde Vatererfahrung. Der Vater hat die Aufgabe, uns den Rücken zu stärken, damit wir das Leben wagen, damit wir ein Risiko eingehen und damit wir die Entscheidungen treffen, die uns weiterbringen. Wer den Vater als abwesend oder als schwach erfahren hat, der tut sich schwer, Entscheidungen zu treffen. Ihm fehlt das Rückgrat dazu. Die väterliche Energie nimmt uns die Angst, Fehler zu machen.

Wer immer nur befürchtet, mit Entscheidungen Fehler zu machen, der wird immer unfähiger, sich zu entscheiden. Die mangelnde Vatererfahrung können wir nicht einfach überspringen. Aber trotzdem kann ich trotz des mangelnden Rückgrats lernen, Entscheidungen zu treffen. Ich muss mir dabei selbst erlauben, auch Fehler zu machen. Und ich kann mir vorstellen, dass Gott, mein himmlischer Vater, mir den Rücken stärkt, so dass ich es wagen kann, mein Leben selbst in die Hand zu nehmen – auch und gerade mit meinen Entscheidungen.

Der Schweizer Psychologe Carl Gustav Jung spricht von diesem Mut, sein Leben selbst in die Hand zu nehmen und sich auf diese Weise angreifbar zu machen: »Niemand macht Geschichte, der nicht wagt, seine Haut zu Markte zu tragen, indem er das Experiment, das eben sein Leben selber ist, bis zum Ende durchführt.« (Jung 169) Wer sich entscheidet, trägt seine Haut zu Markte. Denn er zeigt sich mit der Entscheidung den Menschen. Er traut sich heraus aus seinem Schneckenhaus und zeigt sich selbst den Menschen.

4

Hilfen, Entscheidungen zu treffen

Im Folgenden möchte ich einige Hilfen beschreiben, wie wir klare Entscheidungen treffen können. Dabei ist zu berücksichtigen, dass es entscheidungsfreudige Menschen gibt und andere, die sich mit Entscheidungen eher schwertun. Das hängt von ihrem Temperament ab und von dem Druck, den sie sich selbst machen.

Der Perfektionist tut sich schwerer, Entscheidungen zu treffen als der Mensch, der alles gelassener nimmt. Wer an einer Vaterwunde leidet, ist auch in seiner Fähigkeit beeinträchtigt, Entscheidungen zu treffen. Und es gibt einfach Menschen, die längere Zeit brauchen, um sich entscheiden zu können. Sie wollen alles reiflich überlegen. Wer sich rein vom Verstand leiten lässt, muss oft lange überlegen, bevor er sich entscheidet. Denn rein rational liegen die Argumente für die eine oder andere Entscheidung oft nahe beieinander. So kommen immer neue Überlegungen in ihm hoch. Wer jedoch auf seinen Bauch hört, der entscheidet sich oft spontan.

Unser Temperament können wir nicht ändern. Aber mit dem, was wir an Charakter und Eigenschaften mitbekommen haben, können wir gut umgehen. Und so kann jeder – gleich, welche Voraussetzungen er mit sich bringt – lernen, sich besser, klarer und schneller zu entscheiden.

Einstellungen

Der erste Schritt, um zu guten Entscheidungen zu kommen, ist daher, die eigene Einstellung zu überprüfen. Gehe ich davon aus, dass ich eine absolut richtige Entscheidung treffen muss?

Dann sollte ich mich von diesem Ideal verabschieden. Es gibt keine absolut richtige Entscheidung. Ich soll mich für das entscheiden, was klug ist. Die Klugheit ist eine wichtige Hilfe, sich gut entscheiden zu können. Die Klugheit setzt voraus, dass ich die Dinge so sehe, wie sie sind. Dann kann ich mich auch richtig entscheiden. Josef Pieper, auf den ich weiter oben schon verwiesen habe, sagt daher: »Klugheit ist die Kunst, sich richtig, sachgerecht zu entscheiden.« (Zitiert bei: Wickert 260) Die Klugheit braucht aber immer auch ein Voraussehen. Die Klugheit ist die Fähigkeit, das zu tun, was für den Menschen jetzt in diesem Augenblick das Beste ist.

Der zweite Schritt, zu Entscheidungen zu kommen, ist, bei sich zu bleiben und sich nicht von der Reaktion der anderen abhängig zu machen. Viele trauen sich nicht, sich zu entscheiden, weil sie ständig darüber nachdenken, was die anderen über diese Entscheidung denken würden. Daher sind sie nicht bei sich und in ihrer Mitte. Sie sind in Gedanken nur bei den anderen. Sie machen ihre Entscheidung von der Reaktion der anderen abhängig.

Natürlich ist die Reaktion der anderen nicht ganz unwichtig. Wenn ich etwa eine schwierige Entscheidung treffe – ich verlasse meine Frau, ich trete aus dem Kloster aus –, dann sollte ich durchaus auch die Reaktionen der anderen bedenken. Ich muss die Reaktion der anderen dann ja auch aushalten. Wenn ich meine Frau verlasse, weil ich gerade verliebt bin, dann möchte ich am liebsten weder meine Frau noch meine Umgebung berücksichtigen, sondern einfach nur dem Verliebtsein folgen. Doch das kann auch blind machen. Wenn ich die Reaktion meiner Umgebung bedenke, wache ich oft auf und merke, welche Folgen meine Entscheidung hat.

Aber ich muss unterscheiden zwischen der Reaktion guter Freunde, denen wirklich an mir liegt, und der Reaktion der Umgebung, die ihre eigenen unterdrückten Bedürfnisse auf meine Entscheidung projizieren wird. Entscheidend aber ist, dass ich für mich selbst vor Gott und vor den Menschen verantwortlich bin für die Menschen, an die ich mich gebunden habe. Ich muss jede Entscheidung auch in Verantwortung für meine Umwelt treffen. Aber ich darf mich nicht von jeder Reaktion der anderen abhängig machen. Ich muss in Übereinstimmung mit meinem Innersten sein.

Meine Schwester, die in der Frauenarbeit tätig ist, erzählte mir, Frauen täten sich oft schwer mit Entscheidungen, weil sie Angst haben, die anderen könnten dann sagen: »Das war ein Fehler, sich so zu entscheiden.« Sie haben Angst, durch ihre Entscheidung angreifbar zu werden. Oft ist es der kritische Blick des Vaters, der die Frauen bei dieser Angst begleitet. Der Vater hatte sie immer aufgefordert, alles richtig zu machen. So sind sie fixiert auf dieses »Richtigmachen«, dass sie vor der Entscheidung zurückschrecken. Was ist, wenn ich etwas nicht richtig mache?

Doch es geht gar nicht darum, alles richtig zu machen. Würde ich dies tun, dann würde ich mich als Frau zu sehr nach dem Vater richten und seine männliche Sichtweise übernehmen. Ein besseres Bild als das Richtigmachen wäre: einfach den Weg gehen, dem Wachsen trauen, das sich in mir regt. Die Entscheidung will das Wachstum fördern. Manche Frauen verbrauchen zu viel Energie, alles genau abzuwägen. Doch dann sind sie nicht bei sich. Sie lassen sich zu sehr vom Vater bestimmen. Wenn sie sich dann endlich entscheiden, dann erfahren sie das oft als Energie- und Wachstumsschub. Auf einmal fließt wieder etwas. Der Weg geht weiter. Sie gehen ins Leben. Sie spüren dann ihre weibliche Energie, die das Wachstum fördert. Wenn sie sich vom Vater bestimmen lassen, tun sie sich schwer mit der Entscheidung. Wenn sie ihrer weiblichen Seite trauen, dann kommt die Entscheidung von innen heraus und verhilft zum Wachsen.

Die dritte Haltung, die für das Treffen von Entscheidungen nötig ist, ist die Bereitschaft, auch verlieren zu können. Wer gewinnen will, muss auch verlieren können. Wer Angst hat, er könne als Verlierer dastehen, der ist innerlich gelähmt. Er wird sich nie entscheiden. Er hat nicht nur Angst vor der Reaktion der anderen, sondern auch vor sich und seinem inneren Richter. Solche Menschen können es sich selbst nicht verzeihen, wenn sie als Verlierer dastünden.

Doch jeder Sportler weiß, dass er nur dann ein Spiel oder einen Wettkampf beginnen kann, wenn er auch bereit ist, eine Niederlage in Kauf zu nehmen. Er geht zwar mit dem Willen ins Spiel, zu gewinnen. Aber er muss auch damit rechnen, dass die andere Mannschaft oder der Gegner gewinnt.

Gerade im Verlieren zeigt sich seine Größe. Ein fairer Verlierer zu sein, zeichnet die Würde eines Menschen aus. Wer immer nur auf der Welle des Erfolges schwimmt, der bleibt an der Oberfläche. Wenn er dann einmal verliert, liegt er völlig am Boden und gibt sich oft selbst auf. Er kann sich selbst nicht verzeihen, dass er verloren hat. Ohne die Bereitschaft, auch einmal verlieren zu können, werde ich mich nie entscheiden.

Die vierte Haltung ist das Vertrauen: Ich habe die Argumente alle bedacht. Jetzt höre ich auf mein Inneres. Ich höre auf die Impulse, die aus meinem Herzen kommen. Ich lege gleichsam die verschiedenen Möglichkeiten der Entscheidung vor den Richterstuhl meines Herzens. Und wohin mein Herz mich spontan treibt, so entscheide ich. Ich bleibe also nicht im Kopf, sondern höre vertrauensvoll auf mein Herz. Und dann entscheide ich, ohne länger zu überlegen. Und ich höre auf, mir nach der Entscheidung Vorwürfe zu machen, dass ich doch nicht gut entschieden hätte. Ich verzichte darauf, die Entscheidung nochmals in Frage zu stellen. Viele verbrauchen sehr viel Energie damit, die getroffenen Entscheidungen nochmals zu hinterfragen. Es ist wichtig, dass ich diese Entscheidung erst einmal verfolge. Ich weiß nicht, was mir auf dem Weg, den mir die Entscheidung eröffnet hat, alles begegnen wird. Deshalb werde ich später immer wieder nachsteuern und die Entscheidung an das anpassen, was sich mir in den Weg stellt, ohne mit ihr grundsätzlich zu hadern.

Das Vertrauen hat auch mit dem so genannten Bauchgefühl zu tun. Wenn wir aus dem Bauch heraus entscheiden, treffen wir oft die besten Entscheidungen. Unternehmer haben mir erzählt: Immer dann, wenn sie bei einem Einstellungsgespräch aus dem Bauch heraus entschieden haben, hat sich die Entscheidung im Nachhinein als richtig erwiesen. Wenn sie den Bewerber nach rein rationalen Gesichtspunkten – etwa nur nach seinen Noten oder seinen Zeugnissen – beurteilten, dann lagen sie oft falsch. Der andere hat dann zwar Fähigkeiten. Aber er passt nicht in die Firma, er passt nicht zu den anderen Mitarbeitern. Wenn Unternehmer ihrem Bauchgefühl trauen, dann stellt sich heraus: Der neue Mitarbeiter passt gut in die Firma und er entwickelt sich gut.

Wir meinen, das Bauchgefühl sei irrational. Doch das stimmt nicht. Die Gehirnforschung hat herausgefunden, dass vom Bauch aus wichtige Informationen an das Gehirn geleitet werden. »Die Mehrheit der Nervenstränge führt vom Bauch zum Gehirn, nicht umgekehrt. Das heißt, dass der Bauch permanent das Gehirn mit Informationen und Signalen versorgt.« (Meier 26) Der Bauch hat seine eigene Intelligenz, er hat vor allem emotionale Intelligenz. Und der Bauch hat ein gutes Gefühl für Beziehungen. Das wissen wir ja auch sonst. Wenn wir verliebt sind, kribbelt es uns im Bauch. Umgekehrt machen sich auch gestörte Beziehungen im Bauch und Magenbereich bemerkbar.

Wir können nicht mehr richtig essen. Wir haben entweder keinen Appetit. Oder aber wir stopfen das Gefühl im Bauch mit zu viel Essen zu, um es zu unterdrücken.

Unser Bauchgefühl sagt uns, ob die Beziehung zum anderen stimmt, ob wir auf Dauer mit ihm können, ob er in unsere Unternehmenskultur passt oder ob er in meinen Freundeskreis passt. Das Bauchgefühl sagt mir oft auch, dass etwas nicht in Ordnung ist. Rein rational scheint alles in Ordnung zu sein. Doch in der Tiefe sagt uns der Bauch, dass da noch etwas anderes im Spiel ist.

Der Schweizer Schiedsrichter Urs Meier berichtet von einer Situation im Spiel um die Europameisterschaft zwischen England und Portugal im Jahr 2004. Beim Stand von 1:1 schießt Sol Campbell in der 89. Minute per Kopfball ein Tor für England. Doch sein Bauchgefühl sagte dem Schiedsrichter, dass da etwas nicht stimmte, obwohl er von seiner Position aus nichts gesehen hatte. Er erkannte das Tor nicht an. Im Nachhinein sah er die Videoaufzeichnung und erkannte, dass seine Entscheidung richtig war. (Vgl. Meier 15ff) In dieser Situation, in der es um den Einzug ins Halbfinale oder aber Abreise ging, ist es nicht einfach, dem Bauchgefühl zu trauen und innerhalb kurzer Zeit eine Entscheidung zu treffen. Doch das Bauchgefühl ist oft schneller als der Verstand, der alle Gründe zusammensuchen muss.

Entscheidung und Gebet

Eine Hilfe, um die Entscheidung zu treffen, ist das Gebet. Wenn ich in einer Entscheidungssituation bete, dann wird Gott mir nicht einfach die Entscheidung abnehmen, indem er mir klar vorsagt, wie ich handeln soll. Ich werde normalerweise im Gebet keine direkte Antwort Gottes hören.

Im Gebet gehe ich aber in eine gesunde Distanz zu meinen Entscheidungen. Ich setze mich mit den verschiedenen Möglichkeiten vor Gott hin. Ich versuche, Gott zu erklären, worum es geht und warum ich mich für diese oder jene Alternative entscheiden möchte. Dann frage ich Gott, was er mir sagen möchte. Ich höre in die Stille hinein, welche Impulse sich in meinem Inneren bilden. Wenn ich beim Bedenken einer Alternative vor Gott einen tiefen Frieden finde, ist das immer ein Zeichen, dass es Gottes Wille ist, mich so zu entscheiden. Es kann aber auch sein, dass ich keinen inneren Frieden finde, sondern einfach einen Impuls: »Mach das so!«

Mir ging es früher bei Kursen oft so, dass ich lange nachgrübelte, ob ich mich für diese oder jene Übung, für diese oder jene Methode entscheiden sollte. Dann hörte ich manchmal in mir das Wort, das Jesus zum Gelähmten sagte: »Steh auf, nimm dein Bett und geh!« (Johannes 5,8) Das war für mich dann der Impuls, mich für die Lösung zu entscheiden, die mir gerade in den Kopf kam. Das Gebet hat dann Vertrauen in mir geweckt, diesen Weg zu gehen, anstatt meine Energie damit zu verschwenden, weiter nachzudenken, was wirklich die beste Methode für diesen Augenblick wäre.

Es kann aber auch sein, dass ich im Gebet keinen Impuls höre, mich so oder so zu entscheiden. Dann nehme ich das ernst und denke: Es ist noch nicht an der Zeit, mich zu entscheiden. Ich werde die Entscheidung immer wieder Gott hinhalten und darauf warten, bis sich in mir das Gefühl bildet: Jetzt kann ich mich entscheiden. Solches Warten ist natürlich nur für Lebensentscheidungen angebracht. Die täglichen Entscheidungen, die ich oft treffen muss, kann ich nicht oft hinauszögern. Da genügt es, kurz in sich hineinzuhorchen und auf Gottes Stimme zu hören und dann zu entscheiden. Aber dieses kurze Innehalten ist auf jeden Fall eine Hilfe, sich nicht von anderen in eine

Entscheidung treiben zu lassen, sondern seinem Herzen gemäß zu entscheiden. Bei Lebensentscheidungen soll ich mich nicht unter Druck setzen, mich nach dem Gebet entscheiden zu müssen. Aber trotzdem kann es eine Hilfe sein, sich eine Frist zu setzen, innerhalb derer man sich entscheiden möchte.

Ich kenne Menschen, die jahrzehntelang den Gedanken in sich tragen, ins Kloster zu gehen. Aber sie können sich nie entscheiden. Sie reden ständig davon, dass sie sich entscheiden möchten. Aber wenn man sie nach zehn Jahren trifft, hat sich immer noch nichts geändert. Da ist das Reden über die fälligen Entscheidungen eine Ausrede, um sich nicht wirklich entscheiden zu müssen. Dann ist es hilfreich, solchen Menschen zu sagen: »Ich will von deiner Entscheidung für oder gegen Kloster nichts mehr hören. Du hast dich doch in Wirklichkeit schon entschieden. Wenn du jetzt immer noch nicht im Kloster bist, hast du schon eine Entscheidung getroffen. Stehe dazu, anstatt deine Energie mit dem ständigen Kreisen um eine mögliche Entscheidung zu verschwenden. Welchen konkreten Anforderungen gehst du mit deinem Gerede über Entscheidungen aus dem Wege?« Solche klaren Fragen möchten diese Menschen oft nicht hören. Aber nur dann werden sie die Augen öffnen und vielleicht bereit sein, sich der Wirklichkeit zu stellen, sich für das Leben zu entscheiden, das sie jetzt leben. Die Entscheidung ist dann eine Hilfe, bewusst und mit ganzem Herzen das zu leben, was ich gerade lebe.

In Gesprächen höre ich manchmal von einer Art und Weise, Gott um Hilfe bei Entscheidungen zu bitten, die nicht weiterführt. Da bittet eine Frau Gott um Hilfe. Er solle die Begegnung mit diesem Mann, in den sie sich verliebt hat und den sie so sympathisch findet, segnen. Doch dann erfährt sie bei dieser Begegnung eine tiefe Verletzung. Sie gibt nun Gott die Schuld, weil sie doch vorher zu Gott gebetet habe. Aber der habe die

Verletzung nicht verhindert. Doch mein Eindruck war, dass diese Frau Gott dazu benützt hat, ihre Entscheidung zu bestätigen. Sie ist im Gebet Gott nicht begegnet. Sie hat die Frage, ob sie den Mann treffen soll oder nicht, Gott nicht offen hingehalten. Sie wollte den Mann unbedingt treffen und wollte Gott im Gebet als Bestätigung benutzen.

Doch wenn ich das Für und Wider Gott nicht offen hinhalte, kann ich Gott auch nicht für die Entscheidung verantwortlich machen. Das wirkliche Gebet ist immer offene Begegnung mit Gott, ohne mich vorher auf eine Entscheidung festgelegt zu haben. Und in der Begegnung mit Gott höre ich auch auf meine eigenen inneren Impulse. Gott spricht zu mir in den Impulsen meines Herzens. Allerdings braucht es da die Gabe der Unterscheidung, ob jetzt Gott zu mir spricht oder nur mein eigenes Über-Ich, mein eigener Ehrgeiz, meine infantile Bedürftigkeit. Gottes Stimme erkenne ich an der Wirkung eines Impulses. Ein Impuls, der Frieden, Freiheit, Lebendigkeit und Liebe in mir bewirkt, entspricht der Stimme Gottes. Ein Impuls, der mir Angst macht, der mich überfordert, entspricht mehr meinem eigenen Perfektionismus, meinem Über-Ich, das immer die perfekte Lösung von mir haben will.

Es gibt auch Entscheidungen, in die wir hineingedrängt werden. Eine Frau meinte, es gäbe Situationen, in denen man gleichsam nur zwischen Pest und Cholera wählen könne. Manchmal sind es falsche Alternativen, vor die wir gestellt werden. Jesus kennt solche Erfahrungen. Und er zeigt uns einen Weg, wie wir in solchen Situationen aus der inneren Mitte heraus entscheiden können.

Die Bibel erzählt uns zwei Situationen, in denen Jesus in eine Entscheidung gedrängt wird. In der ersten Szene kommen einige Pharisäer und Anhänger des Herodes zu Jesus und fragen ihn: »Ist es erlaubt, dem Kaiser Steuer zu zahlen, oder nicht? Sollen wir sie zahlen oder nicht zahlen?« (Markus 12,14) Jesus soll hier eine Frage entscheiden, die damals höchst umstritten war. Ganz gleich, wie Jesus sich entscheidet, manövriert er sich in eine aussichtslose Situation. Wenn er das Zahlen der Steuer verweigert, dann könnten ihn die Anhänger des Herodes verhaften lassen. Wenn er für das Steuerzahlen eintritt, dann sind alle seine Anhänger enttäuscht. Jesus durchschaut die Falle, in die ihn die Pharisäer locken wollen. Er weigert sich, ihre Frage einfach zu entscheiden. Er ergreift selbst die Initiative und befiehlt den Fragestellern, sie sollten ihm einen Denar bringen. Dann fragt er sie: »Wessen Bild und Aufschrift ist das?« Als sie antworten: »Des Kaisers«, sagt er das geniale Wort: »So gebt dem Kaiser zurück, was dem Kaiser gehört, und gebt Gott zurück, was Gott gehört.« (Markus 12,17) Dagegen können sie nichts sagen. Jesus entzieht sich der falschen Alternative, vor die ihn die Fragenden stellen. Er reagiert souverän.

Wir sollen uns – so sagt uns diese Geschichte – nicht von anderen in eine Entscheidung drängen lassen, die uns in eine aussichtslose Situation hineinführt. Wege, die uns andere aufdrängen, sind meistens nicht hilfreich. Ich muss – wie Jesus hier in der Szene – selbst die Initiative ergreifen und mich selbst entscheiden. Die deutsche Sprache drückt das dadurch aus, dass sie sagt: »Ich entscheide mich.« Entscheiden ist immer ein aktives Tun und etwas, was sich in meinem Inneren abspielt. Ich entscheide über mich. Und diese Entscheidung darf ich mir nicht von außen aufdrängen lassen.

Ähnlich ist die Szene, die uns der Evangelist Johannes schildert. Die Pharisäer bringen eine Frau zu Jesus, die gerade beim Ehebruch ertappt wurde. Sie halten ihm das Gebot des Mose vor Augen, dass diese Frau gesteinigt werden müsse. Und sie fragen nun Jesus, was sie tun sollen. Jesus gibt keine Antwort. Er bückt sich vielmehr und schreibt in den Sand. Man könnte sagen: Er gewinnt Zeit und er kommt in Berührung mit den kreativen Lösungen, die sich in seinem Inneren entwickeln. Man könnte modern auch sagen: Jesus macht »Brainstorming«: Er schreibt einfach in den Sand, was ihm einfällt. Und über diesem Schreiben taucht in seinem Inneren der geniale Satz auf, den er den Fragestellern entgegenschleudert: »Wer von euch ohne Sünde ist, werfe als Erster einen Stein auf sie.« (Johannes 8,7) Jesus bückt sich wieder zur Erde und schreibt weiter. Als er dann aufblickt, sind alle gegangen. So ehrlich waren sie schon, dass sie sich nicht als sündenlos hinstellten.

Jesus hat sich nicht in eine Entscheidung hineindrängen lassen, die ihm auf jeden Fall Ärger gebracht hätte – ganz gleich, wie er sich entschieden hätte. Er tauchte ab und kam mit seinem Inneren in Berührung. Manchmal tauchen auch wir ab, wenn wir sagen: Ich muss erst noch einmal darüber schlafen. Manchmal tauchen dann im Schlaf Lösungen auf. Die einen träumen davon, wie sie sich entscheiden sollen. Die anderen haben beim Aufwachen das Gefühl: Jetzt weiß ich, wie ich mich entscheiden soll. Indem sie in der Nacht mit ihrer Seele in Berührung kamen, hat sich in ihnen etwas geklärt.

Oft können wir die Entscheidung nicht hinausschieben. Aber dann ist es auch gut, sich aus der Bedrängnis durch andere zu befreien und kurz in sich selbst hineinzuhorchen und mit dem eigenen Herzen in Berührung zu kommen. Und dann sollte ich das tun, was sich in meinem Herzen an Lösung anbietet. Entscheidend ist, dass ich in der Entscheidung nicht auf den anderen fixiert bin, sondern mit mir selbst in Berührung komme. Ich soll die Entscheidung aus meinem Inneren heraus fällen und nicht auf äußeren Druck hin. Und ich darf vertrauen, dass meine Seele genau weiß, was für sie richtig ist. Daher braucht es das Abtauchen in den Grund der Seele, um dort zu erahnen, was mir meine Seele sagt. Die Seele hat immer kreative Lösungen für eine Entscheidung bereit und lässt sich keine falschen Alternativen aufdrängen.

Manche ziehen sich für Entscheidungen auch in ein Kloster zurück. Oder sie machen Einzelexerzitien. Die Exerzitien im Geist des heiligen Ignatius von Loyola zielen alle auf eine Entscheidung hin. Der Exerzitant besinnt sich erst auf das Fundament seines Lebens, er fragt, was er mit seinem Leben eigentlich will. Bevor er sich entscheidet, soll er innerlich frei werden. Ignatius spricht hier von Indifferenz. Er meint damit einen Zustand innerer Freiheit, in dem der Mensch offen ist für jede Lösung, die Gott ihm anbietet. Und dann fragt er sich bei allem, was ihm an Alternativen in den Sinn kommt, nach dem »Mehr«: Was bringt mehr Frucht und Segen für mich und für die Menschen?

Dieses Mehr bezieht sich auf christliche Werte wie Friede, Gerechtigkeit, Glaube, Hoffnung und Liebe. Der Exerzitant fragt sich, bei welcher Alternative er mehr dazu beitragen kann, »dass die Welt ein Stück gerechter, friedvoller, liebevoller, barmherziger, gläubiger, hoffnungsfroher wird«. (Kiechle 34) Dieses »Mehr« kann Ignatius auch die größere Frucht oder den größeren Trost nennen. Frucht »ist das, was menschliches Leben ermöglicht und aufblühen lässt«. (Kiechle 37)

Der Trost bezieht sich mehr auf das eigene Gefühl, das der Exerzitant bei der Entscheidung hat, ob er mit sich im Einklang ist, ob es ihm dabei gutgeht und er sich frei und lebendig fühlt. Die Frucht fragt nach dem Segen für andere Menschen. Was bringt den Menschen mehr Segen? »Die Frucht ist ein Gut für die anderen, der Trost ein Gut für den, der sich entscheidet.« (Kiechle 39) Beide – Trost und Frucht – müssen sich gegenseitig ergänzen. Die ignatianischen Exerzitien zielen immer auf eine Entscheidung hin, auf die Entscheidung, diesen oder jenen Beruf zu wählen, oder auch auf die Entscheidung, wie ich meinen Weg im nächsten Jahr weitergehen möchte.

Manche Menschen ziehen sich ohne Exerzitien für ein paar Tage in ein Kloster zurück, um still zu werden. Sie stellen sich die Aufgabe, diese Tage zu nutzen, um für die Zukunft wichtige Entscheidungen zu treffen. Eine Frau erzählte mir, sie habe sich für ein paar Tage in unser Haus Benedikt in Würzburg zurückgezogen. Sie habe dort Entscheidungen getroffen, für die sie dankbar sei und die sich für sie als Segen herausgestellt hätten. Diese Frau hatte dabei keine eigene Methode für die Entscheidungsfindung entwickelt. Sie brauchte einfach einen Raum der Stille, um mit der Frage der Entscheidung schwanger zu gehen. Und am Ende dieser stillen Tage hatte sie ein klares und stimmiges Gefühl, um die Entscheidung treffen zu können.

Nicht jeder hat Zeit, sich für ein paar Tage ins Kloster zurückzuziehen. Doch auch im Alltag könnten wir uns Räume der Stille gönnen. Für den einen ist dies ein Spaziergang, bei dem er mit der Frage nach der richtigen Entscheidung schwanger geht. Er denkt nicht die ganze Zeit darüber nach. Er geht einfach mit dieser Frage los und bittet Gott, dass er ihm auf dem Weg Zeichen gibt, um sich entscheiden zu können. Manchmal sehen wir dann einen bestimmten Baum oder in der Landschaft öffnet sich uns ein Blick. Und auf einmal wissen wir, wie wir uns entscheiden sollen. Solche kleinen Erlebnisse mitten auf dem Spaziergang bringen Klarheit in unser Denken und in unsere Entscheidung. Der andere setzt sich mit einer wichtigen Entscheidung zur Meditation. Er denkt nicht über die Entscheidung nach, sondern wird vor Gott einfach nur still. Manchmal wissen wir dann nach der Meditation, wie wir uns entscheiden sollen.

Manche fragen bei der Entscheidung auch, was mehr dem Willen Gottes entspricht. Aber manche verbinden mit dem Willen Gottes etwas, das unseren eigenen Willen bricht. Sie sehen den Willen Gottes als etwas, das von außen in unser Leben einbricht. Gott hat für diese Menschen nichts mit den eigenen Gefühlen und inneren Stimmen zu tun. Doch dann fragen sie oft vergeblich nach dem Willen Gottes. Oder aber sie verwechseln den Willen Gottes mit dem eigenen Perfektionismus. Sie meinen, Gottes Wille sei immer das Schwierigere, das Härtere oder das Selbstlosere.

Doch wir müssen beim Willen zwei Ebenen unterscheiden. Es gibt den oberflächlichen Willen: »Ich will jetzt dorthin fahren.« – »Ich will jetzt das essen.« – »Ich will das haben.« Und es gibt in uns einen Willen, mit dem wir in Berührung kommen, wenn wir ganz still werden und wenn wir ganz im Frieden mit uns selbst sind. Das, was wir in der Stille wollen, in der wir einen tiefen Einklang mit uns selbst spüren, das entspricht auch dem Willen Gottes. In der Tiefe unserer Seele ist der Wille Gottes mit unserem eigenen Willen identisch. Der Apostel Paulus sagt im Ersten Thessalonicherbrief (Kapitel 4, Vers 3): »Das ist es, was Gott will: eure Heiligung.« Der Wille Gottes ist, dass wir heil werden und ganz, dass wir dem innersten Wesen entsprechen, dem ursprünglichen und unverfälschten Bild Gottes in uns.

Ob eine Entscheidung Segen bringt oder nicht, hängt nicht nur von meinen Überlegungen ab. Das Gebet schenkt mir das Vertrauen, dass von meiner Entscheidung Segen ausgeht. So brauche ich nach der Entscheidung nicht mehr nachzugrübeln, ob die Entscheidung wirklich richtig war. Ich vertraue darauf, dass Gott diese Entscheidung für mich zum Segen werden lässt und dass sie auch Segen für die Menschen bringt, mit denen ich lebe.

Das gilt etwa für Entscheidungen, die ich in der Firma treffe. Ob die Entscheidung für dieses oder jenes Produkt, für diese oder jene Strategie richtig ist oder nicht, lässt sich nicht allein durch Argumente und durch Nachdenken garantieren. Wir haben keine Garantie, dass von unseren Entscheidungen Segen ausgeht. Im Gebet überlasse ich es Gott, was er aus und mit meinen Entscheidungen macht. Selbst wenn meine Entscheidung nicht optimal war, kann Gott Segen daraus entstehen lassen. Dieses Vertrauen entlastet mich von dem Grübeln, was wohl alles aus meinen Entscheidungen entstehen könnte. Ich überlasse meine Entscheidung Gott und vertraue darauf, dass sein Segen darauf ruht und dass daraus Segen für viele Menschen entsteht.

Konkrete Übungswege

Bei großen Entscheidungen, die mein zukünftiges Leben betreffen – etwa die Entscheidung für eine Partnerschaft, die Entscheidung für einen Beruf oder Berufswechsel, die Entscheidung für einen Ortswechsel, die Entscheidung für einen ehelosen Weg –, gibt es konkrete Hilfen. Ich möchte im Folgenden drei Hilfen beschreiben.

Die erste Hilfe besteht darin, dass ich mir die Zukunft vorstelle: In zehn Jahren lebe ich mit dieser Partnerin oder ohne sie. Was für Gefühle steigen in mir hoch, wenn ich mir vorstelle, mit dieser Partnerin zusammen zu sein? Und welche Gefühle spüre ich in mir, wenn ich mir die Zukunft ohne sie vorstelle?

Oder ich stelle mir vor: In fünf Jahren bin ich noch in diesem Beruf. Wie geht es mir dann? Oder ich bin an der neuen Stelle, für die ich gerade angefragt werde. Welche Gefühle stellen sich dann in mir ein? Ich vergleiche dann die Gefühle bei den jeweiligen Alternativen. Dort, wo mehr Friede, Lebendigkeit, Freiheit ist und wo mehr Liebe fließt, liegt auch die Einladung, mich dafür zu entscheiden. Wenn bei einer Alternative die Angst und die Befürchtungen überwiegen, ist das ein Zeichen, dass dies nicht mein Weg ist.

Ich kann auch fragen: Was ist der Wille Gottes? Die frühen Mönche haben die Lehre von der Unterscheidung der Geister entwickelt. Sie unterscheiden den Willen Gottes vom Willen der Dämonen. Und sie unterscheiden die Gedanken, die von Gott kommen, die von den Dämonen kommen und die aus mir selbst herausfließen. Um zu entscheiden, woher die Gedanken kommen, kann ich auf die Qualität meiner Seele achten, auf die Art und Weise, wie meine Seele auf die Gedanken reagiert. Gedanken, die von Gott kommen, bewirken in mir Friede, Freiheit, Lebendigkeit und Liebe. Gedanken, die von den Dämonen – wir würden heute eher sagen: die aus dem Über-Ich – kommen, rufen in mir Angst und Enge hervor. Sie geben mir das Gefühl von Überforderung. Ich fühle mich angespannt. Ich verkrampfe mich innerlich. Gedanken, die aus mir kommen, zerstreuen. Sie sind unverbindlich. Ich gehe in den Räumen dieser Gedanken spazieren, ohne mich festzulegen. Solche Gedanken zentrieren nicht, sondern lösen mein Selbst auf.

Diese Unterscheidung der Geister, wie sie die Mönche entwickelt haben, kann uns bei unseren Entscheidungen helfen. Dort, wo diese vier Qualitäten der Seele – Friede, Freiheit, Lebendigkeit und Liebe – sind, dorthin soll ich mich entscheiden. Dort finde ich den Willen Gottes. Dort liegt für mich der Segen Gottes.

Die vier Qualitäten der Seele entsprechen dem, was die Bibel immer als Kennzeichen des Geistes Jesu beschreibt. Jesus selbst sagt von sich: »Ich bin der Weg und die Wahrheit und das Leben.« (Johannes 14,6) Dort, wo Lebendigkeit ist, ist Jesus mit seinem Geist.

Der Apostel Paulus sagt von Jesus: »Der Herr aber ist der Geist, und wo der Geist des Herrn wirkt, da ist Freiheit.« (2. Korintherbrief 3,17) Und im Galaterbrief zählt Paulus unter die Früchte des Geistes vor allem die Liebe und den Frieden. Man könnte natürlich auch die anderen Früchte des Geistes als Kriterium dafür nehmen, dass der Heilige Geist bei dieser Entscheidung am Werk ist oder dass wir gemäß dem Wirken des Heiligen Geistes entschieden haben: »Die Frucht des Geistes aber ist Liebe, Freude, Friede, Langmut, Freundlichkeit, Güte, Treue, Sanftmut und Selbstbeherrschung.« (Galaterbrief 5,22) Diese neun Früchte sind die Entfaltung der vier oben genannten Kriterien für eine geistgewirkte Entscheidung. Freude und innere Weite, Treue und Sanftmut interpretieren die Liebe und die innere Freiheit.

Die zweite Hilfe und Übung geht ähnlich wie die erste, aber meine Vorstellung ist zeitlich versetzt. Ich gehe zwei Tage mit der festen Vorstellung in den Tag: Ich habe mich dafür entschieden, ins Kloster zu gehen. Oder ich habe mich entschieden, in diesem Beruf und an dieser Stelle zu bleiben. Ich stehe auf mit dem Gedanken, mich dafür entschieden zu haben. Beim Frühstück gehe ich mit diesem Gedanken schwanger. Wenn ich spazierengehe, ist es klar, dass ich mich so entschieden habe. Bei den Gesprächen mit anderen habe ich immer diese Entscheidung im Hinterkopf. Dann schreibe ich die Gefühle auf, die ich in diesen beiden Tagen hatte. Anschließend gehe ich zwei Tage mit der anderen Entscheidung durch meinen Alltag. Ich stehe auf mit dem Gedanken: Ich habe mich gegen das Kloster oder gegen diese Arbeitsstelle entschieden. Beim Frühstück, bei der Arbeit, in der Freizeit, überallhin begleitet mich der Gedanke, diese Alternative zu leben. Dann schreibe ich nach zwei Tagen wieder die Gefühle auf, die ich dabei hatte. Und dann vergleiche ich die Gefühle, die ich jeweils an den beiden Tagen hatte. Dorthin, wo die Gefühle von Frieden, Freiheit, Lebendigkeit und Liebe überwiegen, will sich meine Seele entscheiden.

Manchmal schafft diese Übung noch keine Klarheit. Dann ist es wichtig, zu warten. Manchmal ist es wichtig, sich Fristen zu setzen, innerhalb derer wir uns entscheiden sollen. Aber trotzdem können wir nicht jede Entscheidung »aus dem Ärmel schütteln«. Und wenn wir uns dann zu sehr unter Druck setzen, hilft es uns nicht weiter. Wir brauchen dann Geduld.

Manchmal habe ich erlebt, dass diese Übung ein Anstoß war, einen Entscheidungsprozess in Gang zu setzen. Beim ersten Mal lag die Entscheidung eher für den Verbleib im Kloster, an der Arbeitsstelle oder in der Ehe. Mit der Zeit kristallisierte sich dann aber eine andere Entscheidung heraus.

Wichtig ist, dass dann irgendwann Klarheit herrscht. Es braucht hier beides: die Geduld, dass eine Entscheidung heranreift, und den Mut, die Entscheidung zu treffen. Irgendwann muss ich springen. Allerdings kann ich gerade grundsätzliche Entscheidungen über mein Leben nicht durch eine zeitliche Frist erzwingen. Auf der einen Seite ist es gut, mir vorzusagen: Innerhalb von drei Wochen muss ich mich entscheiden. Aber ich habe auch oft erlebt, dass so eine zeitliche Grenze die Menschen zu sehr unter Druck setzt. Und dieser Druck war nicht förderlich für eine freie Entscheidung. Auf der einen Seite soll ich mich herausfordern, auf der anderen Seite mir auch Zeit lassen, damit ich dann zum Sprung ansetze, wenn dieser Sprung mich wirklich weiterbringt.

Eine dritte Hilfe und Übung besteht darin, den Träumen oder inneren Bildern zu trauen, die Gott mir schickt. Ich kann Gott bitten, dass er mir einen Traum schickt, der mir bei meiner Entscheidung helfen kann. Manche Menschen haben eine innere Gewissheit darüber, was ihnen Träume sagen möchten. Eine Frau hatte eine Stelle als Bibliothekarin angeboten bekommen. In der Nacht träumte sie jedoch, dass an dieser Stelle Chaos herrsche. Sie entschied sich gegen die Stelle, obwohl der Wechsel ihr finanziell sehr geholfen hätte. Ihr Traum gab ihr Recht. Als sie sich später genauer erkundigen konnte, erfuhr sie, dass

dort ein schlechtes Arbeitsklima herrsche und die Machtver-
hältnisse sehr unklar seien. Bei anderen hinterlassen auch die
Träume Unsicherheit.

Carl Gustav Jung sagt: Man soll dem Traum die Entscheidung nicht überlassen. Man soll den Traum nur in die Entscheidung mit einbeziehen. Er ist eine wichtige Stimme, die gehört
werden will. Aber die Entscheidung ist dann eine klare Sache
des Willens, der den Verstand, das Gefühl und die inneren Bilder der Träume berücksichtigt. Doch manche Menschen haben
nach einem Traum die innere Gewissheit, dass sie sich so entscheiden müssen. Es ist weniger eine Deutung des Traumes, die
sie zur Entscheidung drängt, sondern das Gefühl, das sie beim
Aufwachen haben.

Folgendes Beispiel zeigt, wie Träume auf dem Entschei-
dungsweg helfen können. Vor vielen Jahren kam ein junger
Mann zu mir in Einzelexerzitien. Er wollte in diesen Exerzitien
eine Entscheidung treffen, ob er seine Freundin heiraten oder
sich von ihr trennen solle. Die rationalen Argumente für oder
gegen eine Partnerschaft brachten ihn nicht weiter. Auf der einen Seite verstand er sich gut mit seiner Freundin. Beide waren
in der Jugendarbeit tätig und hatten da die gleiche Wellenlän-
ge. Doch sie war nicht seine Traumfrau, in die er sehr verliebt
war. In dieser Woche der Exerzitien hatte er zwei wichtige Träume. Im ersten Traum träumte er, dass er mit seiner Freundin
auf dem Weg zum Traualtar war. Da sagte er auf einmal: »Nein,
ich heirate dich nicht.« Aber am Ende des Traumes waren sie
doch gemeinsam am Traualtar, an dem die Hochzeit vollzogen
wurde. Der andere Traum war ähnlich. Er stritt sich mit seiner
Freundin, ging weg und nahm einen Zug, in dem Terroristen
waren. Er schloss sich ihnen an und schoss mit einem Gewehr
um sich. Am Ende des Traumes war er wieder mit seiner Freundin in der Kirche bei der Hochzeit.

Die Träume halfen dem jungen Mann, sich für seine Freundin zu entscheiden. Aber sie stellten ihm auch noch zwei wichtige Aufgaben. Der erste Traum sagte: »Du musst erst nein sagen können, bevor du wirklich ja sagen kannst.« Der Mann fühlte sich nicht wirklich frei. Er hatte Angst vor der Reaktion der Jugendlichen, für die er als Jugendleiter verantwortlich war, wenn er seine Freundin, die alle kannten, verlassen würde. Viele Menschen trauen sich nicht, nein zu sagen. Sie lassen sich zu sehr von dem bestimmen, was die anderen zu dieser oder jener Entscheidung sagen würden. Doch nur wenn ich mich frei fühle, nein zu sagen, ist mein Ja ein wirkliches Ja.

Der zweite Traum sagte: Du musst erst Mann werden, bevor du eine Frau heiraten kannst. Der junge Mann war eher ein Softie. Er musste mit seiner Aggression in Berührung kommen, mit seinen männlichen Seiten, damit er für seine Frau ein wirklicher Partner sein konnte. In diesem Fall haben die beiden Träume dem jungen Mann einen Weg gezeigt, der tiefer als rein rationale Argumente war. Er konnte sich nun von seinem Herzen her für seine Freundin entscheiden.

Es müssen nicht immer Nachtträume sein, die uns bei der Entscheidung helfen. Es können auch innere Bilder sein, die in uns aufsteigen. Sie zeigen uns auf einer tieferen Ebene, wie wir uns entscheiden sollen. Allerdings ist es wichtig, auch diese Bilder bewusst zu betrachten und auf dem Hintergrund der Bilder die Entscheidung zu treffen. Wir dürfen den Bildern nicht die Entscheidung überlassen.

Ein Arzt kam zu mir mit der Frage, ob er eine Arztpraxis in seiner Kleinstadt übernehmen oder aber eine Oberarztstelle im Krankenhaus annehmen solle. Die rationalen Gründe ließen keine Klarheit erkennen. Beide Wege waren vernünftig und gangbar. So lud ich ihn ein, die Augen zu schließen und wahrzunehmen, welche Bilder in ihm aufsteigen, wenn er sich vorstellt: Ich habe die Arztpraxis übernommen. Nach ein paar Minuten machte er die Augen auf und erzählte, ihm sei das Bild gekommen, dass er hinter einem großen Schreibtisch sitze und betrunken sei. Der Arzt hatte keine Alkoholprobleme. Doch das Bild, das aus seinem Inneren emporstieg, machte ihn hellhörig. Ich sagte ihm, er solle sich noch nicht sofort entscheiden, sondern die Nacht noch abwarten. Aber er solle das Bild ernst nehmen. Er entschied sich schließlich gegen die Arztpraxis. Und die Realität zeigte ihm, dass seine Entscheidung richtig war. Er ist auf diesem Weg gut weitergegangen und ist schließlich Chefarzt geworden. Seine Seele hat ihm in den Bildern geholfen, sich zu entscheiden.

Leider sind die Bilder nicht bei allen Menschen so klar wie bei diesem Arzt. Aber wir sollen auf jeden Fall nicht nur mit dem Verstand an die Entscheidung herangehen, sondern immer auch mit dem Herzen, das uns oft Bilder bereitstellt, die uns einen Weg weisen.

All diese Methoden sind jedoch kein Wundermittel, das mir immer die richtige Entscheidung ermöglicht. Manchmal bleiben diese Methoden ohne konkretes Ergebnis. Ich begleite seit 20 Jahren Priester und Ordensleute im Münsterschwarzacher Recollectio-Haus. Sie kommen oft mit der Frage, wie sie sich entscheiden sollen: für oder gegen ihr Priestertum, für oder gegen die Pfarrei, in der sie die letzten Jahre waren, für oder gegen das Ordensleben. Manche kommen mit dem inneren Druck: Nach den zwölf Wochen dort muss ich ganz klar wissen, was ich will und wie mein Leben in der Zukunft aussieht. Sie wollen sich für immer klar entscheiden. Doch dann setzen sie sich oft unter Druck und geraten manchmal in Panik, weil sie auch nach neun Wochen immer noch nicht klar sehen, wie sie sich entscheiden sollen. Ich versuche, den Gästen dann zu vermitteln: Sie müssen sich nicht für Ihr ganzes Leben entscheiden. Sie müssen entscheiden, was Sie nach den zwölf Wochen tun wollen: Ob Sie zurückkehren in Ihre Pfarrei oder den Personalchef um einen Wechsel oder um eine noch längere Auszeit bitten. Sie müssen sich entscheiden, ob Sie zurück in den Orden gehen oder um Beurlaubung bitten, um sich noch länger zu erproben.

Bei all den Entscheidungen, die wir zu treffen haben, müssen wir immer auch die eigene Seele berücksichtigen. Manche Ordensleute oder Priester haben sich zu schnell für ihren Weg entschieden. Jetzt wäre es gut, sich Zeit zu lassen und dem zu trauen, was in ihnen heranreift. In der Begleitung spürt man oft, ob die Zeit für eine Lebensentscheidung wirklich da ist oder ob sich der Gast noch mehr Zeit und Raum zugestehen sollte.

Doch genauso wie der Gast die Erfahrung innerer Freiheit braucht, um sich gut entscheiden zu können, muss auch ich als Begleiter diese Freiheit haben. Ich brauche als Begleiter die Indifferenz, die Ignatius von Loyola für den Entscheidungsprozess des Exerzitanten verlangt. Ich spüre in mir, wie ich den Gast gerne in eine Richtung drängen möchte. In mir ist die Tendenz, einen Priesterberuf oder Ordensberuf zu retten. Doch ich muss in der Begleitung von den eigenen Wünschen frei werden. Es geht darum, was für den anderen mehr Frucht und Trost bringt, was ihn auf den Weg zu größerer Lebendigkeit, Freiheit, Frieden und Liebe führt. Es geht nicht darum, dass ich ein gutes Ergebnis meiner Begleitung vorweisen kann, dass ich dem Bischof einen Priester zurückgeben kann oder dem Orden eine Ordensfrau bewahre. Es geht einzig und allein um den Willen Gottes für diesen Mann und für diese Frau. Alle egozentrischen Wünsche müssen zurücktreten.

5

Entscheidung und Verantwortung

In jeder Entscheidung übernehme ich auch Verantwortung für die Folgen, die sich aus ihr ergeben. Viele tun sich schwer, zu entscheiden, weil sie die Verantwortung für ihr Tun ablehnen. Sie bleiben lieber in der passiven Rolle des Beobachters. Sobald ich mich entschieden habe, etwas zu tun, habe ich auch die Verantwortung dafür zu tragen. Und die Verantwortung betrifft nicht nur meine Entscheidung an sich, sondern immer auch die Folgen meiner Entscheidung.

Der Soziologe Max Weber hat als Erster zwischen Gesinnungsethik und Verantwortungsethik unterschieden. Es genügt nicht nur, in seiner Gesinnung edel zu sein. Wir sind immer auch für unser Tun und für die Folgen unserer Handlungen verantwortlich.

Der jüdische Philosoph Hans Jonas hat die Verantwortung in die Mitte seiner Philosophie gestellt. Das Grundwerk seiner Philosophie nennt er: »Das Prinzip Verantwortung«. Der Mensch ist von seinem Wesen her verantwortlich. Verantwortung hat mit Antwort zu tun. Der Mensch antwortet auf einen Ruf Gottes. Er gibt mit seinem Leben eine Antwort. Und Verantwortung hat mit der Personalität des Menschen zu tun. Als Person gebe ich Antwort auf die Frage einer anderen Person, letztlich auf die Person Gottes. Wir sprechen davon, dass wir verantwortlich mit der Schöpfung umgehen. Aber letztlich ist es immer Verantwortung einem Du gegenüber, Verantwortung dem Schöpfer gegenüber, der uns die Schöpfung übergeben hat, damit wir sie hegen und pflegen.

Das Alte Testament stellt drei grundlegende Fragen an uns, auf die wir eine Antwort geben müssen. Die erste Frage ist die Frage Gottes an Adam: »Wo bist du?« (Genesis 3,9) Dies ist die

Frage, wo wir stehen, warum wir so gehandelt haben. Adam, der erste Mensch, versteckt sich vor Gott. Er hat Schuldgefühle und möchte nicht zu seinem Handeln stehen. Er schiebt die Schuld für sein Handeln Eva zu. Er übernimmt nicht die Verantwortung für sein Tun. Das ist ein Mechanismus, den wir heute zur Genüge kennen. Wir stellen uns nicht unserer Verantwortung, sondern fühlen uns immer als Opfer. Schuld sind immer die anderen. Wir beschuldigen andere, anstatt die Verantwortung für unser Tun auf uns zu nehmen.

Die zweite Frage Gottes ergeht an Kain, als er seinen Bruder Abel erschlagen hat: »Wo ist dein Bruder Abel?« (Genesis 4,9) Auch Kain weicht aus. Er antwortet: »Ich weiß es nicht. Bin ich der Hüter meines Bruders?« (Genesis 4,9) Gott erinnert Kain daran, dass er für seinen Bruder und für sein Verhalten dem Bruder gegenüber verantwortlich ist. Doch auch Kain lehnt diese Verantwortung ab. Doch gerade weil er diese Verantwortung ablehnt, muss er ruhelos und rastlos in der Welt herumwandern. Er wird nicht mehr zur Ruhe kommen. Sein Gewissen lässt ihn nicht in Ruhe. Wer die Verantwortung für seine Brüder und Schwestern verweigert, läuft ruhelos herum. Denn er hat die Verbindung mit ihnen abgebrochen. So ist er isoliert. Weil er nicht an seine Brüder und Schwestern gebunden ist, fühlt er sich ausgestoßen und läuft letztlich vor sich und den Folgen seines Verhaltens davon.

Die dritte Frage, die Gott an den Menschen stellt, ist eine Frage der Sendung. Gott fragt Jesaja: »Wen soll ich senden? Wer wird für uns gehen?« (Jesaja 6,8) Der Prophet ist bereit, auf diese Frage zu antworten: »Hier bin ich, sende mich!« (Jesaja 6,8) Der Prophet Jeremia wehrt sich zunächst gegen die Sendung durch Gott. Er sagt: »Ach, mein Gott und Herr, ich kann doch nicht reden, ich bin ja noch so jung.« (Jeremia 1,6) Doch Gott lässt diese Ausrede nicht gelten: »Sag nicht: Ich bin noch so jung. Wohin ich dich auch sende, dahin sollst du gehen, und was ich dir auftrage, das sollst du verkünden. Fürchte dich nicht vor ihnen; denn ich bin mit dir, um dich zu retten – Spruch des Herrn.« (Jeremia 1,7f) Verantwortung heißt, auf den Ruf Gottes, der an mich geht, zu antworten. Es geht nicht nur darum, für mich und mein Leben Verantwortung zu übernehmen, sondern auf den Ruf hin zu antworten, der mich in die Welt sendet und der mir einen Auftrag erteilt, diese Welt mitzuformen und zu gestalten.

Bei jeder Entscheidung übernehmen wir die Verantwortung für das, was aus unserer Entscheidung folgt. Hans Jonas spricht davon, dass wir nicht nur für die Folgen unseres Handelns verantwortlich sind, wir müssen zugleich vorausschauend Verantwortung für diese Welt übernehmen. Wir müssen bei jeder Entscheidung auf die Zukunft schauen, welche Auswirkungen sie hat für uns selbst, für die Menschen und für die Schöpfung. Hans Jonas stellt den Grundsatz auf: »Handle so, dass die Wirkungen deiner Handlung verträglich sind mit der Permanenz echten menschlichen Lebens auf Erden.«

Hans Jonas sieht die elterliche Verantwortung als archetypisches Bild für jede Verantwortung. Die Eltern übernehmen die Verantwortung für das ganze Kind, für seinen Leib und seine Seele, für sein Wohlbefinden im Augenblick und für sein Wachsen in der Zukunft. (Vgl. Jonas 189f) Sie sind verantwortlich für die Erziehung, für den Charakter, für das Wissen und für das Verhalten des Kindes. Dieses Bild gilt auch für jede Entscheidung, die wir treffen. Wir übernehmen die Verantwortung für den Augenblick, aber auch für die Zukunft. Wir schaffen einen Raum, in dem etwas wachsen kann. Wir übernehmen die Verantwortung für uns selbst, für unseren Leib und unsere Seele, und wir übernehmen auch die Verantwortung für die Menschen um uns herum.

Allerdings hat diese Verantwortung eine Grenze. Wir sind nur verantwortlich für unsere Entscheidung. Aber wie die Menschen sich um uns herum auf unser Handeln hin entscheiden, das ist ihre Verantwortung. Es gibt auch Menschen, die sich für alles verantwortlich fühlen. Damit überfordern sie sich selbst. Vor allem Erstgeborene fühlen sich oft für alles verantwortlich. Sie haben in der Familie gelernt, für die jüngeren Kinder verantwortlich zu sein. Sie haben damit ihren Geschwistern viel Gutes getan. Aber die Gefahr besteht darin, dass sie jetzt auch die Menschen um sich herum wie jüngere Geschwister ansehen, für die sie alles tun müssen. Doch die Menschen um sie herum sind Erwachsene, die für ihr Tun selbst verantwortlich sind. Gerade hier ist es wichtig, die Verantwortung für den anderen zu übernehmen, ohne sich allverantwortlich zu fühlen. Wo fordert meine Verantwortung für den anderen seine eigene Verantwortung heraus? Wo muss ich ihn seiner Verantwortung überlassen?

Viele Menschen tun sich schwer, sich zu entscheiden, weil sie Angst vor den Folgen ihrer Entscheidung haben. Sie haben Angst, mit ihrer Entscheidung die Verantwortung für etwas zu übernehmen, das sie nicht voraussehen. Aus ihrer Entscheidung könnte ja für sie selbst und für ihre Umwelt Schaden erwachsen. So entscheiden sie lieber nicht.

Doch nicht zu entscheiden, nützt keinem. Wer in einer Firma nicht entscheidet und die Dinge einfach laufenlässt, schadet den Mitarbeitern. Es geht nichts mehr voran in der Firma. Das Gleiche gilt für die Familie. Wenn die Eltern den Kindern gegenüber nichts entscheiden, wissen die nicht, wie sie dran sind. Und da kann sich dann nichts entwickeln. Wenn die Eltern gegen den Willen der Kinder entscheiden, können diese rebellieren oder die Entscheidung annehmen. Wenn sie sich aber gar nicht entscheiden, dann leben sie in einem konturlosen Raum. Dort kann nichts wachsen. Es entsteht keine Form.

Natürlich gibt es Dinge, die man lieber wachsen lässt, ohne dass wir etwas entscheiden müssen. Aber in vielen Bereichen lähmt die Nichtentscheidung das Wachstum, sowohl das persönliche Wachsen als auch das Wachsen einer Gemeinschaft, einer Firma, einer Gesellschaft.

In der Geschichte haben Staatsmänner oder Feldherren oft durch eine intuitive Entscheidung die Zukunft ihres Landes geprägt. Als die DDR die Mauer öffnete, hat Helmut Kohl die Gunst der Stunde genutzt und durch eine schnelle Entscheidung die politische Landschaft geprägt. Manchmal ist es die Intuition eines Menschen, die die Zukunft gestaltet. Manchmal ist es auch eine Theorie, die jemand aufstellt. Philipp von Mazedonien und Alexander der Große haben durch intuitive Entscheidungen die Zukunft der Welt geprägt, Lenin und Karl Marx dagegen durch die Theorie, die sie entwickelt haben. Aber auch darin lag eine Entscheidung: die Gedanken, die sich in ihrem Inneren formten, aufzuschreiben und der Welt mitzuteilen.

Alles, was wir tun, hat Auswirkungen auf die Welt. Jeder Gedanke, den wir äußern, wirkt sich auf die Welt aus. Albert Einstein meinte einmal: »Ein Gedanke, der einmal geäußert wurde, kann nicht mehr rückgängig gemacht werden.« Er entfaltet seine Wirkung in den Köpfen der Menschen und schließlich in der Gesellschaft.

Auch unsere täglichen Entscheidungen haben Auswirkungen auf unsere Umgebung. Ob ich mich für die Freude oder für die Unlust entscheide, ist nicht nur mein Privatvergnügen. Das wirkt sich auch auf meine Umgebung aus und durch meine Umgebung letztlich in die ganze Welt hinein. Daher übernehmen wir mit all unseren täglichen Entscheidungen – sowohl bei Entscheidungen für ein Handeln als auch bei Entscheidungen für einen Gedanken oder ein Gefühl – die Verantwortung für uns und für unsere Welt.

Verantwortung heißt aber auch, dass wir mit unseren Entscheidungen eine Wirkung erzielen für unsere Welt. Was von uns ausgeht an Gedanken, an Gefühlen, an Werken, an Ausstrahlung, das prägt unsere Umwelt mit. Es ist nicht egal, ob wir uns von aggressiven und destruktiven Gedanken bestimmen lassen oder ob wir daran arbeiten, mit uns in Einklang zu kommen. Wir graben mit allem, was wir tun und sind, eine Spur in diese Welt, die diese Welt prägt. Bei allem, was wir tun und denken, sind wir immer schon auf andere Menschen bezogen.

Es ist unsere Aufgabe, diese Welt menschlicher und liebevoller zu gestalten. Das hat schon der griechische Dichter Sophokles erkannt, der in seiner Tragödie »Antigone« die Menschen auf ihre Verantwortung hinweist: »Nicht mitzuhassen, mitzulieben bin ich da.« Für diese Alternative muss ich mich entscheiden. Nur dann geht von mir Segen aus. Wenn ich mich für das Hassen entscheide, wird von mir Unheil in diese Welt hineinströmen.

6

Entscheidung und Ritual

Manche Menschen fühlen sich überfordert, sich ständig für oder gegen etwas zu entscheiden. Sie müssen täglich neu entscheiden, wann sie aufstehen, was sie nach dem Aufstehen tun, wie sie das Frühstück vorbereiten, ob sie dies oder jenes tun sollen. Da ist es eine Entlastung, dass das Leben durch Rituale geprägt ist.

Rituale strukturieren das Leben. Wenn ich mein festes Morgenritual habe, dann brauche ich mich nicht jedes Mal neu zu entscheiden, wann ich aufstehe und wie ich den Tag beginne. Manche meinen, Rituale würden zu einem leeren Tun werden. Ich würde dann einfach so dahinleben und die nötigen Entscheidungen übergehen. Es braucht eine gesunde Spannung zwischen Ritualen und Entscheidungen.

Einmal muss ich mich auch für die Rituale entscheiden. Es ist meine Verantwortung, wie ich den Tag gestalte. Doch wenn ich mich einmal für ein bestimmtes Ritual entschieden habe, brauche ich nicht jeden Tag von neuem zu entscheiden, wie ich den Tag verbringe. Rituale entlasten uns von dem Druck, uns jeden Augenblick für oder gegen etwas entscheiden zu müssen.

Aber Rituale können auch leer werden. Dann führen sie dahin, dass wir immer im gleichen Trott leben, ohne die nötigen Entscheidungen zu treffen, die das Leben von uns fordert. Rituale sollen uns einen Freiraum schaffen, damit wir den Entscheidungen unseres Lebens nicht ausweichen, sondern sie in innerer Freiheit treffen.

Manche meinen, Rituale würden zu einem unbewussten Leben führen. Alles gehe dann immer den gleichen Gang. Doch das ist nicht der Sinn der Rituale. Rituale wollen uns einladen, unser Leben selbst zu gestalten und ihm eine klare Form zu geben. Wachsen braucht eine Form. Ohne Form gibt es kein Wachstum. Das gilt auch für die Natur. Rituale wollen den Rhythmus und das Wachsen der Natur nachahmen. Sie geben eine Struktur vor, die mir guttut.

Aber dann gibt es auch immer wieder Situationen, in denen ich mich entscheiden muss. Wenn ich mich zur Morgenmeditation hinsetzen möchte und gerade ein Hilferuf eines Freundes zu mir dringt oder ein Kind schreit, dann muss ich mich entscheiden, was mir wichtiger ist: mein tägliches Ritual oder mein Kind oder mein Freund. Wenn ich mich allerdings tatsächlich zur Meditation hingesetzt habe, dann ist es klug, in dieser Zeit das Telefon auszustellen oder den Anrufbeantworter einzuschalten, damit ich in dieser Zeit ungestört meditieren kann. Wir brauchen solche Tabuzeiten, die wir von niemandem stören lassen. Auch hier braucht es ein gutes Miteinander zwischen dem Schutz meiner Zeit und der Bereitschaft, mich auf immer neue Situationen einzulassen, in die mich andere Menschen bringen.

Roger Schutz, der verstorbene Prior von Taizé, meinte einmal im Blick auf die traditionellen Orden: Er würde die Orden manchmal um ihre Rituale und festen Traditionen beneiden. Diese würde das Leben erleichtern. Wenn sie in Taizé täglich neu entscheiden müssten, wie sie das gemeinsame Leben gestalten wollen, könne das auch sehr anstrengend sein.

Viele Besucher, die den Rhythmus eines klösterlichen Alltags in der Abtei Münsterschwarzach mit uns teilen, spüren, wie gut ihnen dieser feste Rhythmus tut. Er bedeutet nicht ein einfaches Dahinleben, sondern ein geformtes Leben. Aber dieses geformte Leben braucht trotzdem immer wieder Entscheidungen: zum einen die Entscheidung für das Leben, für die Freude, gegen die Opferrolle und gegen negative Gefühle, die auf uns einströmen, zum anderen die Entscheidung für die konkrete Gestaltung meines Alltags.

Rituale eröffnen uns einen Raum für die wesentlichen Entscheidungen, um die wir nicht herumkommen. Sie entlasten uns von vielen Entscheidungen über äußere Dinge – wie die Tagesordnung –, um uns Kraft zu schenken für das Wichtige in unserem Leben. Aber indem ich Rituale praktiziere, habe ich mich auch entschieden, dass ich selbst lebe, anstatt gelebt zu werden, dass ich mein Leben selbst gestalte, anstatt es mir von anderen vorschreiben zu lassen. Während der Arbeit spüre ich, dass ich manchmal im Äußeren aufgehe: im Organisieren, in den Besprechungen, im Beantworten der vielen Mails. Die Rituale holen mich vom Äußeren immer wieder zurück und bringen mich in Berührung mit mir selbst, mit meiner Mitte. Und wenn ich bei mir bin, dann spüre ich auch, dass ich mich aus meiner Personmitte heraus entscheide.

Manchmal sind meine Entscheidungen nur Reaktionen auf Anfragen, die ich so oder so beantworten muss. Es ist durchaus eine Kunst, sich bei solchen Anfragen schnell zu entscheiden. Das erleichtert das Leben. Aber ich spüre manchmal auch, dass ich müde werde, ständig Entscheidungen treffen zu müssen. Wenn ich durch ein Ritual wieder mit mir in Berührung bin, dann wächst in mir eine innere Leichtigkeit. Ich komme mit meiner Intuition in Berührung. Und von ihr aus kann ich mich dann bei den vielen kleinen Anfragen schnell entscheiden, ohne mich unter Druck zu setzen.

Rituale entlasten uns nicht nur von vielen täglich zu treffenden Entscheidungen. Manchmal können sie auch eine Hilfe sein, Entscheidungen zu treffen. Wir kennen im Kloster Rituale bei den Entscheidungen, die der Konvent treffen soll. Es gibt bei uns bestimmte Fragen, über die wir gemeinsam entscheiden müssen, wie zum Beispiel die Zulassung eines jungen Mitbruders zur Profess, die Entscheidung über Bauvorhaben oder die Übernahme von neuen Aufgaben.

Wenn eine Entscheidung ansteht, dann legt der Abt dem Konvent das Problem vor. Dann wird darüber diskutiert. Und anschließend gibt es eine geheime Abstimmung. Jeder bekommt einen Zettel, auf dem »Ja« und »Nein« steht. Er kreuzt »Ja« oder »Nein« an und gibt so seine Stimme ab.

Im Seniorat, unserem Gremium, das dem Abt bei Personal- und Richtungsfragen zur Seite steht, gibt es ein anderes Ritual, um Entscheidungen zu treffen: Nach der Diskussion wird jeder Antrag nochmals formuliert. Jedes Gremiumsmitglied bekommt eine schwarze und eine weiße Kugel. Wer zustimmt, legt die weiße Kugel in einen geschlossenen Behälter. Wer ablehnt, legt er die schwarze Kugel hinein. Dann öffnet der Abt den Behälter und sieht auf einen Blick, wie viel schwarze oder weiße Kugeln vorhanden sind.

Jede Gruppe und auch der Staat kennt Wahlen, die unter bestimmten Ritualen ablaufen. Wenn jemand gewählt worden ist, dann wird er gefragt, ob er die Wahl annimmt. In diesem Augenblick muss er sich entscheiden.

Aber es gibt auch andere Formen von Ritualen, die uns helfen können, persönliche Entscheidungen zu treffen. Wir setzen uns manchmal Fristen für eine Entscheidung. Wir sagen: »Ich muss erst einmal darüber schlafen.« Oder wir gehen zuerst ins Gebet. Das ist ein Ritual. Wir entscheiden uns in wichtigen Fragen nicht, ohne bestimmte Rituale zu vollziehen, wie in die Stille gehen, beten oder auch andere um das Gebet bitten.

Es kann auch ein Ritual sein, eine Anfrage, die uns telefonisch erreicht, nicht am Telefon zu entscheiden, sondern zu sagen: »Ich will die Anfrage prüfen und sage morgen Bescheid.« Zum Ritual der Antwort gehört für mich, dass ich keine Begründung gebe für meine Zusage oder Absage, sondern dass ich einfach nur sage: »Ich sage zu«, oder: »Ich sage ab«. Sobald ich mich rechtfertigen muss, ergibt sich ein unnützes Gespräch. Die ritualisierte Antwort sorgt für Klarheit. Und sie schützt mich davor, mich am Telefon überrumpeln zu lassen.

Früher hat man bei Entscheidungen, bei denen der Verstand allein nicht ausschlaggebend war, das Los geworfen. Man hat damit ausgedrückt, dass man die Entscheidung letztlich Gott überlässt. So haben die Apostel das Los über den Ersatzmann geworfen, der Judas als zwölften Apostel ersetzen sollte. Doch zuvor haben sie gebetet: »Herr, du kennst die Herzen aller; zeige, wen von diesen beiden du erwählt hast, diesen Dienst und dieses Apostelamt zu übernehmen.« (Apostelgeschichte 1,24)

Manche vollziehen heute vor Entscheidungen andere Rituale. Sie gehen den Jakobsweg, bevor sie sich entscheiden, ins Kloster zu gehen oder zu heiraten oder den Beruf zu wechseln. Andere machen eine Wallfahrt. Wieder andere zünden eine Kerze an, damit in ihre Gedanken Klarheit kommt. Ein anderer geht erst ins Freie, und macht einen Spaziergang, um seinen Kopf freizubekommen. Dann entscheidet er.

Oft sind es kleine Augenblicke, die wir zwischen die Anfrage und die Entscheidung setzen. Doch das geht nicht immer. Dann kann es zumindest eine Hilfe sein, kurz innezuhalten und auf das Herz oder den Bauch zu hören. Jeder hat seine Rituale. Sie helfen, dass die Entscheidung nicht nur rein rational gefällt wird, sondern dass in der Tiefe der Seele ein Vertrauen wächst, die richtige Entscheidung zu treffen.

Wir kennen auch Rituale, die eine Entscheidung nach außen hin dokumentieren. Die Trauung vor dem Standesamt ist so ein Ritual. Noch intensiver ist das Ritual der kirchlichen Hochzeit. Da wird in äußeren Ritualen die innere Entscheidung für den Partner/die Partnerin ausgedrückt und vor den anwesenden Zeugen und Gästen dokumentiert. So ein Ritual ist nicht nur eine äußere Feier. Der Eheberater Hans Jellouschek meint, »dass ein symbolischer, ritueller und öffentlicher Akt eine große Hilfe sein kann für die ›Verleiblichung‹ der Entscheidung des Paares. Damit wird der Übergang in eine neue Lebensphase eindeutig markiert. Dafür ist ein Ritual, das öffentlich und gemeinschaftlich vollzogen wird, von unschätzbarem Wert«. (Jellouschek 56)

Ähnliches gilt auch für andere Rituale, die eine Wahl oder eine Entscheidung öffentlich machen, so etwa die Priesterweihe oder Abtsweihe oder auch die Installation eines Bürgermeisters, eines Ministers.

Offensichtlich geben Rituale dem Menschen die nötige Energie, um die Entscheidung, die er für sein Leben getroffen hat, auch durchzutragen. Und sie geben dem Betroffenen gegenüber den Menschen, vor denen das Ritual vollzogen wird, das Gefühl der Verantwortung, aber auch der Klarheit und Sicherheit. Jetzt habe ich mich für diese Rolle, für diese Aufgabe entschieden. Jetzt übernehme ich auch die Verantwortung für diese Aufgabe.

7

Die verschiedenen Arten von Entscheidungen

Wenn wir von Entscheidungen sprechen, meinen wir sehr Unterschiedliches. Da sind die großen Lebensentscheidungen, die eine lange Überlegung brauchen, weil sie uns für ein Leben lang festlegen. Und da gibt es beispielsweise die Entscheidungen in einer Firma, die Entscheidungen, die wir bei unserer Arbeit ständig fällen müssen. Auch im sonstigen Alltag sind wir ständig vor Entscheidungen gestellt: Entscheidungen in der Partnerschaft und Entscheidungen, ob wir nun dorthin fahren oder nicht, ob wir dies oder jenes sagen oder tun sollen. Und es gibt die Entscheidung für das Leben. Dies sind grundsätzliche Entscheidungen für eine ganze bestimmte Einstellung dem Leben gegenüber. Diese verschiedenen Entscheidungen möchte ich nun näher anschauen.

Lebensentscheidungen

Lebensentscheidungen kann man nicht einfach aus dem Bauch heraus treffen. Sie brauchen Zeit. In ihnen geht es um die Festlegung für die Zukunft. Es ist ein großer Unterschied, ob ich mich für die Ehe oder für einen ehelosen Weg entscheide. Meine Zukunft hängt davon ab, ob ich mich für die Partnerschaft mit diesem Freund oder dieser Freundin entscheide oder ob ich die Beziehung löse und einen anderen Weg suche. Und es ist eine Lebensentscheidung, ob ich für einige Jahre ins Ausland gehe, um dort zu arbeiten oder Entwicklungshilfe zu leisten, ob ich dieses oder jenes Studium aufnehme und mich beruflich in diese oder jene Richtung orientiere. Solche Entscheidungen brauchen Zeit. Aber es gibt – wie schon weiter oben gesagt – auch Menschen, die sich vor solchen Entscheidungen drücken. Ich kenne Menschen, die sagen: »Ich möchte ins Kloster gehen. Aber jetzt ist es noch zu früh. Ich muss noch für meine Eltern sorgen.« Doch wenn ich das höre, habe ich das Gefühl, dass das eine Ausrede ist. Wer so redet, wird sich nie entscheiden.

In diesem Zusammenhang fällt mir das Wort Jesu ein, der zu einem, der ihm nachfolgen will, aber zuerst noch seinen Vater begraben möchte, sagt: »Lass die Toten ihre Toten begraben; du aber geh und verkünde das Reich Gottes.« (Lukas 9,60) Manche Menschen warten mit ihrer Entscheidung, bis die Eltern gestorben sind. Doch dann ist es meistens zu spät, um sich noch in Freiheit entscheiden zu können. Dann sind die meisten Türen zugefallen.

Es gibt einen Zeitpunkt für die Lebensentscheidung. Wenn ich den verpasse, dann hat das Leben für mich die Entscheidung getroffen. Ich werde dann von außen bestimmt. Ich werde gelebt, anstatt selbst zu leben.

Manche trauen sich nicht, den Beruf zu wählen, zu dem es sie drängt. Sie nehmen Rücksicht auf die Eltern, die sie noch brauchen. Die Entscheidung, für die Eltern zu sorgen, kann durchaus stimmig sein. Aber dann muss ich auch das betrauern, wogegen ich mich entschieden habe. Nur dann kann ich meine Entscheidung in guter Weise durchtragen. Andernfalls werde ich meinen Eltern mehr oder weniger bewusst immer den Vorwurf machen, sie seien schuld daran, dass ich nicht studieren, dass ich nicht ins Ausland oder dass ich nicht den gewünschten Beruf ausüben konnte.

Bei jeder Entscheidung muss ich mir über die Konsequenzen klar werden, die sie mit sich bringt. Und ich muss das betrauern, was durch die Entscheidung für mich an Möglichkeiten ausgeschlossen wird. Nur so kann ich mich mit ganzem Herzen den Dingen widmen, für die ich mich entschieden habe.

Andere haben vor, eine Entscheidung über ihre Zukunft zu treffen. Aber sie wollen sich in jeder Hinsicht absichern. Sie wollen ihre Eltern überzeugen, dass diese Entscheidung richtig ist. Sie wollen Zustimmung von ihren Freunden bekommen, bevor sie sich entscheiden.

Eine solche Situation hat Lukas vor Augen, wenn er von einem Mann berichtet, der Jesus nachfolgen will. Doch er sagt: »Ich will dir nachfolgen, Herr. Zuvor aber lass mich von meiner Familie Abschied nehmen.« (Lukas 9,61)

Für mich ist diese Aussage ein Bild dafür, dass er für seinen Schritt die Zustimmung seiner Familie bekommen möchte. Auf der einen Seite will er seinen eigenen Weg gehen, den er von Gott her als richtig empfindet. Auf der anderen Seite aber will er auch die Zustimmung seiner Freunde und Verwandten. Zu diesem Menschen sagt Jesus sehr radikal: »Keiner, der die Hand an den Pflug gelegt hat und nochmals zurückblickt, taugt für das Reich Gottes.« (Lukas 9,62) Jesus fordert uns mit diesem Satz auf, dem eigenen Gefühl zu trauen. Wenn wir in uns die Richtigkeit einer Entscheidung spüren, dann sollen wir sie treffen, ohne uns überall abzusichern.

Entscheidung bedeutet auch, dass ich von anderen Menschen nicht verstanden werde und dass ich nicht überall Zustimmung finde. Entscheidung macht auch einsam. Sie stellt mich oft außerhalb der tragenden Gemeinschaft. Und dennoch ist der innere Impuls so deutlich, dass ich ihm folgen muss. Und Entscheidung verlangt, dass ich nach vorne schaue. Wenn ich ständig zurückschaue und nochmals überprüfen möchte, ob die Entscheidung richtig war, dann wird die Spur meines Pfluges krumm. Nur wenn ich beherzt nach vorne schaue, vermag ich eine klare und tiefe Spur in den Acker meines Lebens einzugraben.

Es ist gut, sich vor wichtigen Lebensentscheidungen beraten zu lassen. Aber wir dürfen nie einem Begleiter oder Ratgeber die Entscheidung überlassen. Der andere kann uns nur seine Sichtweise vermitteln oder sein Gefühl sagen. Entscheiden müssen wir selbst.

In jeder Entscheidung gibt es den Augenblick, in dem wir einfach springen müssen. Wir haben keine absolute Gewissheit, ob wir ins Kloster gehen oder heiraten sollen, ob wir diese Freundin heiraten oder uns von ihr trennen sollen. Wir sollen uns die Frage reiflich überlegen, wir sollen darüber beten und uns mit anderen besprechen. Aber wir sollen nie den anderen fragen: Wie würdest du dich entscheiden?

Wir sollen uns eher vom anderen fragen lassen, warum wir uns so oder so entscheiden wollen. Der andere konfrontiert uns mit unseren Motiven. Er fragt nach, ob hinter der Entscheidung für das Kloster zum Beispiel Angst vor der Welt oder Angst vor einer Beziehung steckt. Er fragt uns, von welchen Motiven wir uns bewegen lassen, wenn wir uns für oder gegen eine Partnerschaft entscheiden. Ist es die Angst, allein zu bleiben? Oder ist es die Angst, uns an den anderen zu binden und ihm unsere ganze Wahrheit zuzumuten? Oder haben wir Angst, unsere Wahrheit zu zeigen? Wollen wir uns lieber in der Unverbindlichkeit vor dem anderen verstecken? Oder wollen wir beides zugleich: nicht allein bleiben, aber dennoch frei sein, eine Hintertüre offen lassen? Sind die Zweifel, die wir an der Entscheidung für den anderen haben, Zeichen, dass wir uns trennen sollen? Oder sind sie Ausdruck übertriebener Erwartungen an den anderen?

Im eigenen Nachdenken kommen wir oft nicht weiter. Wir brauchen jemanden, der uns den Spiegel vorhält, damit wir unsere eigenen Motive und Gedanken besser beurteilen können.

Es ist wichtig, bei solchen Lebensentscheidungen alle Gründe für oder dagegen aufzuzählen. Dann sehen wir schon, ob die

Liste »für« größer ist als die Liste »dagegen«. Aber wir sollen nicht bei den rationalen Gründen stehenbleiben.

Der nächste Schritt wäre, die Motive anzuschauen: Warum will ich ins Ausland gehen? Warum will ich mich für diesen Beruf oder für jene Stelle entscheiden? Ist es der Ehrgeiz, der mich nach vorne treibt? Oder ist es ein inneres Muss? Ist es der Reiz des Neuen, ist es Abenteuerlust? All diese Motive dürfen sein.

Wir sollen nie denken, dass wir nur reine Motive haben. Unsere Motive sind immer vermischt. Bei all diesen Motiven wäre es gut, sich zu fragen, was mein Hauptmotiv ist und ob dieses Motiv wirklich trägt. Dann können wir mit Gott über unsere Motivation reden. Entspricht diese Motivation dem Willen Gottes? Wollen wir auf diesem Weg für Gott durchlässig sein oder nur uns selbst beweisen?

Auch wenn beispielsweise sehr viel Ehrgeiz mit im Spiel ist, ist es oft sinnvoll, sich für diese Karriere zu entscheiden. Denn je mehr Einfluss ich habe, desto mehr kann ich auch in dieser Welt bewirken. Und je mehr Macht ich habe, desto heilsamer kann ich diese Macht einsetzen. Es kommt nur darauf an, dass ich dann in meinem Ehrgeiz und in meiner Geltungssucht und in meinem Machtstreben durchlässig für Gott werde. Ich erkenne an, dass da ein Stück Ehrgeiz und Machtstreben und Neugier mitspielt. Aber ich versuche zugleich, bewusst durchlässig für Gott zu werden. Ich sage mir vor: »Es geht nicht um mich, sondern darum, dass das Reich Gottes sichtbar wird, dass Gott durch mich mehr und effektiver wirken kann.«

Ich erlebe viele gläubige Menschen, die sich schwertun, eine berufliche Entscheidung zu treffen. Sie bleiben lieber in den unteren Rängen einer Firma, auch wenn ihnen eine höhere Stelle angeboten wird. Sie haben Angst, sie würden nur die eigene Karriere im Blick haben. Daher bleiben sie lieber bescheiden. Doch Karriere ist in sich noch nichts Schlechtes. Sie besagt ja auch, dass ich mehr Verantwortung übernehme und daher mehr gestalten kann. Je mehr Macht ich habe, desto mehr kann ich sie auch zum Wohl der Menschen einsetzen. Anstatt Macht und Karriere in Bausch und Bogen abzulehnen, sollten wir sie gerade für den Geist Jesu durchlässig werden lassen. In meiner Macht und mit meiner Macht diene ich im Geist Jesu den Menschen.

All die Methoden, die wir oben angeschaut haben – Gebet, Stille, sich die verschiedenen Alternativen in der Vorstellung vor Augen halten und auf die Gefühle dabei achten –, können uns bei einer Lebensentscheidung helfen. Aber ganz gleich, welche Methode wir benutzen – irgendwann kommt der Augenblick, in dem wir eine Entscheidung treffen müssen. Wir können – ich betone das nochmals – die Entscheidung nicht unser Leben lang vor uns herschieben. Es braucht einen Sprung in das Vertrauen, dass diese Entscheidung uns weiterführt. Ob die Folgen der Entscheidung uns immer glücklich machen, das ist nicht entscheidend. Entscheidend ist, ob wir darauf vertrauen, dass wir auf diesem Weg innerlich weiterkommen, dass dieser Weg ein Weg der Verwandlung ist, auf dem wir immer mehr in unsere eigene Wahrheit gelangen, in die einmalige und ursprüngliche Gestalt hinein, die Gott sich von uns gemacht hat.

Entscheidungen in der Partnerschaft

Manchmal gerät eine Partnerschaft in eine Krise, weil sich einer der Partner schwertut, sich zu entscheiden. Das fängt bei den alltäglichen Entscheidungen an. Ein Mann redet beispielsweise davon, dass er sein Auto verkaufen sollte. Aber er spricht schon fünf Jahre davon und tut immer noch nichts. Die Frau hat das Gefühl, sie müsse den Mann immer wieder anstoßen. Aber mit der Zeit lähmt sie dieses ständige Anstoßen, auf das dennoch keine Entscheidung des Mannes folgt. Manchmal muss dann die Frau die Entscheidung treffen, weil der Mann sich nie entscheiden kann.

Mit einem entscheidungslosen Partner zusammenzuleben ist auf Dauer sehr anstrengend. Man vermisst die Verbindlichkeit und Klarheit. Man kann sich auf nichts verlassen. Der andere sagt etwas zu, aber er entscheidet sich nicht für das, was er zugesagt hat. Der Mann verspricht etwa, dass er weniger arbeiten werde, um mehr Zeit für seine Frau zu haben. Doch dem Versprechen folgt keine Entscheidung. Solche Erfahrungen machen die Frau oft müde. Sie hat keine Lust mehr zu kämpfen. Sie kann ihrem Mann nicht mehr trauen. Sie sieht nichts von dem, was er ihr versprochen hat.

Neben den entscheidungsschwachen Ehepartnern gibt es aber auch solche, die alles entscheiden. Sie entscheiden, was im Haushalt angeschafft wird. Sie entscheiden, wo man im Urlaub hinfährt und was man am Wochenende unternimmt. Manchmal ist das dem Partner oder der Partnerin recht. Oft ist es der Mann, der immer entscheidet. Er übernimmt seine Entscheidungsfreudigkeit, die für den Beruf gut ist, auch für die Ehe.

Doch irgendwann fühlt sich dann die Frau entmündigt. Sie wird gar nicht gefragt, was ihre Wünsche sind. Sie hat den Eindruck, dass der Mann über sie bestimmt. Irgendwann muss sie dann dagegen rebellieren und dem Mann klarmachen, dass sie einen anderen Weg finden müssen, um die Entscheidungen innerhalb der Partnerschaft gerecht zu verteilen. Nur wenn beide das Gefühl haben, dass sie an den Entscheidungen innerhalb der Partnerschaft und der Familie beteiligt sind, wird die Ehe auf Dauer gelingen. Dann fühlen sich beide gleichberechtigt.

Eine Frau erzählte mir, oft gebe es dann bei Entscheidungen faule Kompromisse, die keinen glücklich machen. Ob ein

Kompromiss faul ist oder ob ich damit leben kann, spüre ich im Herzen. Und meinem diesbezüglichen Gefühl darf ich trauen. Statt immer faule Kompromisse zu treffen, wäre auch der Rat des Paartherapeuten Hans Jellouschek hilfreich. Er schlägt vor, dass die Eheleute einmal Folgendes probieren: Eine Woche trifft der Mann die Entscheidung, was beide am gemeinsamen freien Abend und am Wochenende machen. Die andere Woche entscheidet die Frau darüber. Der Partner lässt sich jeweils auf das ein, was der andere vorgeschlagen und entschieden hat. Das ist nicht Unfreiheit. Vielmehr kann man auf diesem Weg gute Erfahrungen machen, die man sich selbst sonst gar nicht zutrauen würde. Entscheidend ist jedoch, dass ich mich mit ganzem Herzen auf das einlasse, was der andere vorschlägt. Jedes Ehepaar muss für sich einen Weg finden, wie beide mit den alltäglichen Entscheidungen so umgehen, dass sich jeder ernst genommen und keiner benachteiligt fühlt.

Es gibt in der Ehe aber nicht nur die alltäglichen Entscheidungen, sondern auch die grundsätzliche Entscheidung für den Ehepartner. Das ist heute nicht mehr so selbstverständlich. Hans Jellouschek schildert eine heute weit verbreitete Auffassung, nach der Liebe sich einfach ergeben und entwickeln müsse, Entscheidungen würden die Liebe nur stören. Er nennt das »eine Art biologisch aufgefasste Wachstums-Idee«. (Jellouschek 50)

Doch für Jellouschek steckt darin viel Ideologie. Er hat zwar Verständnis, weil früher die Entscheidung für die Ehe oft absolut galt und viele Menschen auch in Leid gestürzt hat. Doch wenn wir nun ins Gegenteil fallen und keine Entscheidung mehr für den konkreten Partner wagen, dann entsteht das, was Jellouschek »etwas sarkastisch das Muster des ›verjährten Liebespaares‹ genannt« (Jellouschek 51) hat.

Wenn die beiden Partner, die auf Probe zusammenleben, sich nie entscheiden, entsteht ein Gefühl von Langeweile und schleichender Enttäuschung. »Wenn sie ehrlich sind, verbindet sie außer der Gewohnheit nichts mehr. Ohne dass etwas Besonderes vorgefallen wäre, ohne dass einer den anderen besonders verletzt hätte, sind sie irgendwie miteinander am Ende. Ihre Liebe hat sich ›verjährt‹.« (Jellouschek 53) Viele Beziehungen geraten in eine Krise, weil sie auf Unentschiedenheit aufgebaut sind.

Hans Jellouschek sieht die Partnerliebe durchaus als Prozess, aber sieht zwischen dem Wachstumsprozess und der bewussten Entscheidung keinen Gegensatz: »Entscheidung, Festlegung und Formgebung gehören in die Entwicklung des Menschen, auch in die Paarbeziehung und Partnerliebe, mit hinein.« (Jellouschek 54) Unser Ja zum anderen ist oft unbewusst. Doch es muss zu einem bewussten Ja werden. »Erst wenn ich eine bewusste, willentliche, ausdrückliche Entscheidung für ihn gefällt habe, erst dann bin ich ganz bei ihm angekommen, erst dann wird meine Zuneigung auch Hingabe.« (Jellouschek 55) Und da wir Menschen leibliche sinnenhafte Wesen sind, muss »die Entscheidung für eine Beziehung nicht nur bewusst gefällt, sondern sie muss auch sichtbar gemacht werden«. (Jellouschek 55)

Wenn Ehepaare sich bewusst füreinander entscheiden, so bringt diese Entscheidung eine neue Qualität in die Beziehung. Und wenn diese Entscheidung in einem öffentlichen Ritual vollzogen wird, dann ist das für die Beziehung eine große Hilfe. In so einem Ritual geht es immer auch um Verbindlichkeit. Mit der Verbindlichkeit tun sich heute viele junge Menschen schwer. Doch »wenn ich Dauer und Verbindlichkeit von vornherein ablehne, lasse ich mich auf die Beziehung nicht ganz ein und relativiere sie von vornherein«. (Jellouschek 57)

Aber nicht nur zu Beginn der Partnerschaft ist die Entscheidung gefragt. Es gibt fast in jeder Ehe einmal die Frage, ob ich die Ehe weiterführen soll oder nicht. Ich muss mich dann von neuem für die Ehe entscheiden oder aber gegen sie. Auch hier gibt es Ehepartner, die sich lieber nicht entscheiden und die deshalb alles so weiterlaufen lassen wollen. Es gibt Männer, die haben neben ihrer Ehefrau noch eine Freundin. Die Frau fühlt sich tief verletzt und fordert den Mann auf, er solle sich zwischen ihr und seiner Freundin entscheiden. Aber der Mann entscheidet sich nicht. Er möchte den bestehenden Zustand so belassen. Er möchte weiterhin daheim in der Familie den treuen Vater und den korrekten Ehemann spielen. Aber zugleich möchte er die Freiheit, zu seiner Freundin gehen zu können, wann er möchte oder wann es ihn hinzieht. Auf die Aufforderung seiner Frau, sich zu entscheiden, reagiert er nicht. Und er lässt sich auch nicht auf einen Zeitraum ein, innerhalb dessen er sich entscheiden soll.

In einer solchen Situation muss die Frau sich irgendwann entscheiden. Eine Frau musste ihrem Mann die Koffer vor die Tür stellen und das Türschloss austauschen, damit der Mann merkte, dass es ihr ernst mit der Entscheidung ist. Wenn keine Entscheidung getroffen wird, zermürben sich die Partner gegenseitig. Eine klare Entscheidung, auch wenn sie zunächst schmerzt, ist immer besser als gar keine Entscheidung.

Viele schieben die Entscheidung hinaus mit der Begründung: Solange die Kinder klein sind, können wir uns nicht trennen. Das ist durchaus eine berechtigte Begründung. Denn die Eltern haben ja auch Verantwortung für die Kinder. Und das Wohl der Kinder ist genauso hoch zu veranschlagen wie das Wohl der Ehepartner. Manchmal kann es für die Eltern heilsam sein, die Entscheidung zur Trennung zu verschieben oder ganz zu lassen, weil man gemeinsam für die Kinder sorgen und ihnen die Geborgenheit einer Familie schenken möchte.

Aber manchmal trägt dieses Argument nicht. Wenn die Eltern ganz und gar zerstritten sind, wenn es kein faires Miteinander oder Nebeneinander mehr gibt, sondern nur noch dauernde Verletzungen und Kleinkrieg, dann bekommen das auch die Kinder mit. Dann ist das für die Kinder belastend und zerreißt sie innerlich. Dann ist es manchmal für die Kinder besser, wenn die Eltern sich trennen.

Aber entscheidend ist, dass sie dann fair auseinandergehen. Manche bleiben gute Freunde, manche nehmen dann in guter Weise ihre jeweilige Verantwortung für die Kinder wahr. Sie benutzen die Kinder nicht für sich, sondern bleiben in der Verantwortung für die Kinder. Manche Ehepaare verstehen sich nach einer Trennung besser als während ihres oft zu engen Beisammenseins. Die Trennung kann Weite schaffen. Aber dann muss irgendwann auch eine Entscheidung getroffen werden, ob die Eltern weiterhin getrennt und gute Freunde bleiben wollen oder ob es ein neues Miteinander im gleichen Haus geben kann.

Entscheidungen bei der Arbeit

Viele Führungskräfte fühlen sich überfordert, da sie ständig Entscheidungen treffen müssen. Mitarbeiter kommen und fragen, ob sie das Angebot so oder so schreiben sollten, wie sie auf die Beschwerde eines Kunden reagieren sollen, für welche Firma sie bei der Vergabe von Aufträgen entscheiden müssen. Der Abteilungsleiter kann sich in solchen Fällen nicht stundenlang Gedanken machen, wie er entscheiden soll. Der Mitarbeiter verlangt eine schnelle Entscheidung. Manche Führungskräfte fühlen sich dabei unter Druck gesetzt. Sie haben Angst, dass sie für die negativen Folgen haften müssten, wenn sich ihre Entscheidung als nicht tragfähig herausstellen sollte.

Ein Bankdirektor erzählte mir, heute würden sich immer mehr Bankangestellte weigern, zu entscheiden. Sie haben Angst, sie würden haftbar gemacht werden, wenn zum Beispiel ein Kredit nicht zurückgezahlt werden kann. Diese Angst führt dazu, dass keine Entscheidungen mehr getroffen werden. Niemand will haftbar gemacht werden. Oder man fordert für die Entscheidung eine Sicherheit, die dem Leben nicht mehr guttut. Dann bekommen viele Firmen keinen Kredit, weil sie nicht alle Sicherheiten nachweisen können. Treu und Glaube gelten nicht mehr. Doch wer bei einer Kreditentscheidung absolute Sicherheit will, der wird vermutlich nie einen Kredit vergeben. Und auf diese Weise lähmt er die Wirtschaft und schadet sowohl der Firma als auch seiner Bank – und zwar mehr, als wenn ein Kredit einmal ausfallen würde.

Als Cellerar, als Wirtschaftsleiter des Klosters, muss ich ständig Einzelentscheidungen treffen. Das betrifft zum Beispiel die Baubetriebe der Abtei. Wir sprechen in der Bausitzung über die anstehenden Arbeiten. Ich höre auf das, was die Meister sagen. Meistens einigen wir uns auf einen Weg. Aber manchmal sind die Argumente der Meister kontrovers. Jeder vertritt seine Meinung mit einer gewissen Berechtigung. Das Gespräch allein ergibt keine Klarheit. Dann bin ich gefragt, zu entscheiden. Natürlich darf ich die Entscheidung nicht willkürlich treffen. Ich höre auf die Argumente der Meister. Dann entscheide ich mich für das, was mich innerlich am meisten überzeugt. Dabei kann ich nicht immer alle Gründe rein rational erfassen. Oft muss ich mich dann aus dem Bauch heraus entscheiden.

Aber auch in der Bausitzung können wir nicht alles entscheiden, was dann im Lauf des Bauens an Fragen auftritt. Dann fragt mich der Elektriker, wohin er die Verteilerdosen oder die Steckdosen setzen soll. Ich frage ihn, was er selbst denkt. Aber manchmal ist er sich nicht sicher. Dann erwartet er von mir eine schnelle Entscheidung.

Wenn ich bei jeder kleinen Entscheidung erst ein Gremium fragen würde, würde ich den Baufortschritt nur unnötig hinausschieben. Natürlich gibt es Mitbrüder, die dann diese Entscheidung kritisieren. Das ist dann meine Verantwortung, dass ich dazu stehe, so entschieden zu haben. Manche steigern sich hinein und meinen, die Entscheidung müsse rückgängig gemacht werden. Doch meistens kann ich dann argumentieren, dass es doch ziemlich belanglos ist, ob etwa die Steckdose jetzt hier oder dort ist. Es ist entschieden. Und so bleibt es.

Nur wenn sich eine Entscheidung wirklich als Hindernis erweist, werde ich die Entscheidung nochmals revidieren. Handwerker wollen eine klare Entscheidung. Die muss ich treffen, indem ich mir die Argumente anhöre und beurteile. Aber dann muss ich auf mein Gefühl hören und aus dem Bauch heraus entscheiden. Meine Mitbrüder und die Mitarbeiter erleben das nicht als autoritär, sondern als Hilfe zur Klärung. Sie mögen es gar nicht, wenn Entscheidungen immer auf die lange Bank geschoben werden und sie in ihrer Weiterarbeit gehindert werden.

Manager beklagen sich manchmal bei mir, dass sie ständig entscheiden müssen – und das meistens unter Druck. Sie haben oft gar keine Zeit mehr, auf ihr Bauchgefühl zu hören. Ein Mitarbeiter ruft beispielsweise unerwartet an und möchte sofort eine Entscheidung. Der Manager kann gar nicht lange darüber nachdenken. Er muss sofort eine Entscheidung treffen. Manchmal hat er den Eindruck, dass er gerade entscheidungsschwachen Mitarbeitern ihre Entscheidung abnehmen muss. Aber das ist auch seine Aufgabe. Er muss sich bewusst sein, dass er Verantwortung übernommen hat. Und diese Verantwortung zeigt sich auch in der Bereitschaft, für die Mitarbeiter, die sich nicht entscheiden können, die Entscheidung zu übernehmen.

In allen Firmen gibt es ständig Sitzungen, um miteinander Gruppenentscheidungen zu treffen. Manche Mitarbeiter sind diese Sitzungen leid, weil oft zu viel geredet und manches auf die lange Bank geschoben wird. Es gibt aber auch die andere Erfahrung: Die Sitzungen stehen unter hohem Zeitdruck. Die Sitzung wird schon damit eröffnet, dass am Ende eine Entscheidung über die Strategie, das Produkt, die Werbekampagne usw. getroffen werden muss. Oft hat dann der Manager das Gefühl, dass die Zeit für eine gute Entscheidung noch nicht reif ist. Aber der Druck ist einfach da, am Ende der Sitzung eine Entscheidung zu treffen. Dann fehlt die Zeit für einen guten Prozess der Entscheidungsfindung.

Bei einem Führungsseminar für Daimler-Mitarbeiter kam unser Abt zu einem längeren Gespräch. Die Mitarbeiter fragten, wie es denn die Mönche mit Entscheidungen hielten. Der Abt erzählte, dass wichtige Entscheidungen vom ganzen Konvent getroffen werden. Es geschehe manchmal, dass er bei einer Konventsitzung, in der die Entscheidung anstehe, das Gefühl habe, es würde jetzt nur eine Kampfabstimmung geben. Dann verschiebt er die Entscheidung. Er setzt dann eine Woche später nochmals eine Konventsitzung an. In der Zwischenzeit können einige strittige Fragen geklärt werden. Und die Mitbrüder können in aller Ruhe über das Projekt nachdenken. Die heftigen Emotionen, die bei der letzten Sitzung aufkamen, können sich legen. Bei der zweiten Konventsitzung wird dann die Entscheidung meistens mit großer Mehrheit getroffen.

Eine Kampfabstimmung würde dazu führen, dass die Mitbrüder, die unterlegen sind, blockieren. Sie fühlen sich nicht ernst genommen. Oder sie arbeiten dann bei der Ausführung nur mit halbem Herzen mit. Hier ist Klugheit nötig, die ein Gespür für den Augenblick hat. Wenn der Druck zu groß ist, kommt oft keine gute Entscheidung zustande.

Damit eine gute Gruppenentscheidung in einer Firma getroffen werden kann, braucht es gute Rahmenbedingungen. Eine Rahmenbedingung wäre, dass wichtige Entscheidungen angekündigt werden, aber dass man zwischen dem Diskutieren in der Gruppe und der Entscheidung darüber Zeit lässt. In der ersten Sitzung diskutiert man alle Möglichkeiten, macht sich vertraut mit dem Problem. Doch dann hält man zwei Tage später eine zweite Sitzung, um die Entscheidung herbeizuführen. In der Zwischenzeit können alle auf ihr inneres Gefühl hören. Die rein rationalen Argumente genügen nicht, um eine eindeutige Entscheidung zu erzwingen. Es braucht auch das Bauchgefühl. Und manchmal braucht es auch das Hören auf die inneren Impulse. Und es braucht noch mehr Zeit, neue Fakten zu erforschen, auf die Stimmung der Belegschaft zu hören und die verschiedenen Möglichkeiten vor seinem inneren Auge vorbeiziehen zu lassen.

Manchmal verstecken sich Manager hinter einer Gruppenentscheidung. Die Gruppe hat so entschieden, also kann man darüber nicht mehr diskutieren. Doch oft kommen die Gruppenentscheidungen auf merkwürdige Weise zustande. Da wird nicht immer nach sachlichen, sondern auch aus taktischen Gründen entschieden. Da entscheiden die einen nur deshalb so, weil sie anderen in der Gruppe den Einfluss nehmen wollen. So sind oft gruppendynamische Gründe für die Entscheidung ausschlaggebend. Oder aber der Einzelne schaut vor allem auf die Meinung des Chefs und unterstützt sie, um sich bei ihm beliebt zu machen und um auf der Karriereleiter weiterzukommen. Eine Gruppenentscheidung ist nur dann gut, wenn jeder Einzelne die Verantwortung für seine Entscheidung übernimmt. Jeder Einzelne soll sich in der Gruppe so entscheiden, wie er sich auch entscheiden würde, wenn er allein verantwortlich wäre.

Entscheidungen im Alltag

Jeder Mann und jede Frau hat im Alltag ständig Entscheidungen zu treffen. Der Vater und die Mutter werden beispielsweise von den Kindern gefragt, ob sie dies oder jenes machen dürfen. Der Sohn fragt, ob er abends in die Disco gehen darf. Die Tochter fragt, ob sie bei ihrer Freundin übernachten kann. Die Kinder erwarten eine schnelle Entscheidung. Wenn die Eltern solche Fragen erst im großen Familienrat besprechen wollen, werden die Kinder für sich selbst die Entscheidung treffen und nicht mehr fragen. Hier helfen eine innere Klarheit und klare Abmachungen, die man gemeinsam getroffen hat, um im konkreten Fall eine gute und schnelle Entscheidung zu treffen.

Aber die Entscheidung beginnt schon beim Aufstehen. Wenn der Wecker schellt, kann ich sofort aufstehen oder noch länger liegen bleiben. Es braucht einen inneren Ruck, um sofort aufzustehen. Beim Anziehen muss ich mich entscheiden, was ich anziehe. Für uns Mönche ist das kein Problem, da wir immer den gleichen Habit tragen. Doch ich kenne vor allem Frauen, die lange brauchen, um sich zu entscheiden, was sie heute anziehen. Sie verbrauchen viel Energie, um sich für dieses oder jenes Kleid zu entscheiden. Sie überlegen, was die Kolleginnen und Kollegen bei der Arbeit zu dieser oder jener Hose sagen würden.

Dann geht es weiter beim Frühstück. Viele essen einfach immer das Gleiche, ohne groß nachzudenken. Andere überlegen, was sie heute essen, ob sie Tee oder Kaffee trinken sollen. Da merkt man, dass Rituale oder auch gute Gewohnheiten Energie sparen. Wenn das Frühstück ritualisiert ist und ich immer das Gleiche esse, brauche ich mich nicht zu entscheiden. Der Tag geht einfach so an. Und ich fühle mich durchaus wohl mit diesem Beginn.

Im Haushalt gibt es ständig Entscheidungen zu treffen. Die Mutter überlegt sich, was sie heute kocht und was sie noch einkaufen muss. Und sie überlegt, welche Arbeiten sie zuerst erledigt, ob sie zuerst saubermacht oder zuerst zum Einkaufen geht. Sie weiß, was sie heute alles erwartet. Und sie muss sich rasch entscheiden, in welcher Reihenfolge sie alles erledigen möchte.

Unser Alltag ist immer geprägt durch ein Ineinander von Gewohnheit und Entscheidung. Wenn der Alltag nur Gewohnheit wird, wird er allmählich leer. Wenn er nur aus Entscheidungen besteht, wird er anstrengend. Es braucht immer beides: die gewohnheitsmäßigen Abläufe, die Energie sparen, und die Entscheidungen, die ich ständig zu treffen habe.

Auch da gibt es Menschen, die sich mit den kleinen Entscheidungen des Alltags schwertun. Sie verbrauchen für diese Entscheidungen zu viel Energie. Wenn sie zum Beispiel einen Besuch bei einer Bekannten machen, dann überlegen sie zu lange, was sie anziehen und was sie als Geschenk mitbringen sollen. Diese Überlegungen lähmen uns manchmal. Wir trauen unserem Gefühl nicht, sondern überlegen, was der andere denken könnte, wenn wir dieses oder jenes Kleid anhaben und wenn wir dieses Geschenk mitbringen. Denkt er, das Geschenk sei zu klein, wir seien zu geizig? Oder denkt er, wir möchten ihn mit dem Geschenk bestechen oder auftrumpfen? All diese Überlegungen brauchen oft viel Energie. Wenn wir kurz innehalten und unserem Gefühl trauen, ohne groß zu überlegen, was der andere dabei denken könnte, dann kostet es uns weniger Kraft. Und normalerweise entscheiden wir dann auch richtig. Es ist unsere eigene Entscheidung und nicht eine Entscheidung, die der andere – etwa der, den wir besuchen – zu sehr beeinflussen sollte.

Oft werden wir zum Abendessen zu Freunden oder zu einem gemeinsamen Konzertbesuch eingeladen. Auch da gibt es Menschen, die sich gestresst fühlen, wenn sie diesbezügliche Entscheidungen treffen sollen. Sie sind hin- und hergerissen zwischen der Lust, hinzugehen, und den inneren Bedenken. Manche werden ganz verwirrt von den Gedanken, die dann in ihrem Kopf hochsteigen: Ich weiß nicht, was ich dort sagen soll. Ich weiß nicht, was mich dort erwartet, wie mich die Freunde behandeln, welche anderen Leute noch da sind, ob ich zu denen passe ... Und so verbrauche ich viel Energie, um hin und her zu überlegen, ob ich die Einladung annehmen soll oder nicht. Andere möchten jemand besuchen. Doch dann kommen die Zweifel, ob dem anderen das wohl angenehm ist. Vielleicht hat er keine Zeit. Vielleicht geht es ihm nicht gut. Vielleicht möchte er mit mir nicht über seine Probleme reden ...

Eine Frau schrieb mir, dass sie gerne zu einem Vortrag von mir kommen würde. Als ich dann in ihrer Nähe einen Vortrag hielt, ging sie doch nicht hin. Sie war hin- und hergerissen. Auf der einen Seite wollte sie gerne den Vortrag hören und mich danach ansprechen. Auf der anderen Seite kamen ständig Bedenken. Da war die Angst, dass sie die volle Kirche nicht aushalten würde. Dann kamen ihr Zweifel, ob sie mir begegnen sollte. Vielleicht würde ich einen schlechten Eindruck von ihr haben. Sie würde vielleicht nicht wissen, was sie mir sagen sollte. Sie würde sich ungeschickt anstellen. Sie verbrachte viel Zeit mit solchen Überlegungen. Und zuletzt entschied sie sich dann doch, nicht zum Vortrag zu gehen. Aber dies war keine freie Entscheidung. Nachher machte sie sich wieder Vorwürfe, dass sie die Gelegenheit verpasst hatte.

Gerade Menschen, die wenig Selbstvertrauen haben, machen aus solch unbedeutenden Entscheidungen ein Drama, das sie innerlich aufwühlt und sie tagelang beschäftigt. Da wäre es besser, sich kurz hinzusetzen und zu überlegen, ob ich jetzt zum Vortrag gehe oder nicht. Und wenn ich dann meinem innersten

Gefühl gemäß entschieden habe, dann bleibe ich bei dieser Entscheidung und stelle sie nicht mehr in Frage. Und dann gehe ich einfach hin, ohne weiter zu überlegen, was alles passieren könnte. Oder wenn ich mich gegen den Vortrag entschieden habe, dann höre ich auf, mir deshalb Vorwürfe zu machen.

Manche Menschen können diese kleinen Entscheidungen nicht relativieren. Obwohl sie objektiv keine große Bedeutung haben, machen sie daraus ein Drama, das sie wochenlang beschäftigt und ihnen viel Energie raubt.

Andere spüren, dass sie zum Arzt gehen sollten. Doch dann können sie sich nicht entscheiden, wann es für sie günstig ist. Oder sie denken, sie müssten zu lange auf einen Termin warten. Und so schieben sie die Entscheidung immer wieder hinaus. Unser Alltag verlangt von uns viele Entscheidungen. Ein guter Umgang mit diesen Entscheidungen spart uns Energie. Umgekehrt können wir uns das Leben unnötig schwer machen, wenn wir jede kleine Entscheidung zu einem riesengroßen Problem machen, das uns viel Kraft kostet und manchen sogar den Schlaf raubt.

Bei schweren Entscheidungen spielen viele Dinge mit: die Angst, die Reaktion der anderen. Doch oft ist es die eigene Unsicherheit. Viele wissen nicht, was sie wollen. Und wenn sie eine Entscheidung treffen sollen, die eigentlich keine große Sache ist, dann werden sie mit ihrer eigenen inneren Unklarheit konfrontiert. Dann kommen grundsätzliche Fragen auf: Was will ich mit meinem Leben? Wie soll ich leben? Was tut mir gut? Was ist der Sinn meines Lebens?

Wenn mir Menschen von ihren Problemen mit den vielen kleinen alltäglichen Entscheidungen erzählen, rate ich ihnen Folgendes: Höre kurz in dich hinein: Hast du Lust, zum Vortrag zu gehen, den Bekannten zu besuchen, die Einladung zum Konzert anzunehmen? Wenn du Lust hast, wenn du das Gefühl hast, es reizt dich, dann tue es, entscheide dich dafür. Und dann stelle die Entscheidung nicht mehr in Frage.

Wenn du anfängst zu grübeln, was die anderen denken könnten oder was alles geschehen könnte, was dich verunsichert, dann verbiete dir diese Überlegungen. Sie bringen dich nicht weiter, du wirst dich immer nur im Kreis drehen. Wenn du dich gegen die Einladung entschieden hast, weil die Angst zu groß war, dann bleibe auch dabei und mache dir keine Vorwürfe, dass du zu feig warst. Du hast dich jetzt so entschieden. Dabei bleibt es.

Wenn in dir trotzdem Vorwürfe hochkommen, dann soll dir das ein Anlass sein, das nächste Mal dem inneren Impuls zu folgen und nicht deinen Ängsten und Zweifeln. Du hast dann erkannt, dass dich deine Ängste und Zweifel von Dingen abhalten, die dir eigentlich guttun würden.

Du sollst dir keine Vorwürfe machen, wenn du dir schwertust, dich zu entscheiden. Söhne dich aus mit deiner Entscheidungsschwäche. Aber gerade weil du um deine Schwäche weißt, sollst du das nächste Mal nicht so viel grübeln, wie du dich entscheiden sollst. Höre in dich hinein und traue dem ersten Gefühl, das in dir hochkommt. Dann entscheide dich und lege dich fest und höre auf, weiter darüber nachzudenken. Du musst den Gedanken, die deine Entscheidung in Frage stellen, dann Hausverbot erteilen: Ich lasse diese Gedanken nicht in das Haus meiner Seele eintreten. Sie müssen draußen bleiben. Und höre auf, darüber nachzudenken, ob die Entscheidung richtig oder falsch ist.

Ob du dich für den Vortrag oder dagegen entscheidest, hat mit richtig und falsch nichts zu tun. Es kommt nur darauf an, dass du zu der Entscheidung stehst, die du getroffen hast. Dann ist es immer gut. Dann wirst du damit Erfahrungen machen. Selbst wenn die Erfahrungen, die du machst, dich in Bedrängnis bringen, sind sie gut. Und du hast gut daran getan, diese Entscheidung so zu treffen.

Entscheidung für das Leben

Kay Pollak, der Regisseur des preisgekrönten Films »Wie im Himmel«, hat ein Buch mit dem Titel »Für die Freude entscheiden« geschrieben. Auch wenn ich nicht mit all seinen Gedanken einverstanden bin, so spricht er doch wichtige Aspekte unseres Lebens an. Er schreibt davon, dass die Gedanken unsere Stimmung, ja auch unseren Leib beeinflussen. Wenn wir uns ständig mit traurigen Dingen beschäftigen, drückt sich das auch in unserem Körper aus.

Wir können die Gedanken nicht hindern, zu uns zu kommen. Das sagen uns schon die frühen Mönche. Aber es ist unsere Entscheidung, ob wir negativen Gedanken zu viel Raum geben. Es geht nicht darum, negative Gefühle zu verdrängen. Denn dann würde ein Leistungsdruck entstehen, als ob wir uns immer gut fühlen müssen. Trauer und Angst, Ärger und Zweifel gehören zu uns. Wir dürfen sie nicht verdrängen. Aber es ist trotzdem unsere Entscheidung, ob wir uns von negativen Gedanken und Gefühlen bestimmen lassen. Wir können »uns entscheiden, uns mit Gedanken zu beschäftigen, die einen positiven Einfluss auf uns haben. Wir sind sogar in der Lage, uns bewusst für Gedanken und Vorstellungen zu entscheiden, die den negativen Bildern in unserem Inneren entgegenwirken«. (Pollak 22)

Die frühen Mönche sagen: Wir sind nicht verantwortlich für die Gedanken, die in uns auftauchen. Sie kommen einfach, ob wir wollen oder nicht. Aber wir sind verantwortlich dafür, wie wir mit den Gedanken umgehen. Wir können sie unterdrücken. Dann werden sie wieder in uns auftauchen. Ein besserer Weg ist, die Gedanken anzuschauen, sie zuzulassen, aber sich auch bewusst von ihnen zu distanzieren.

Ich lasse den Ärger über einen Mitarbeiter zu. Aber ich gebe ihm keine Macht. Ich entscheide mich dafür, ihn jetzt loszulassen und nicht an diesen Mitarbeiter zu denken. Ich will mich nicht ständig mit ihm beschäftigen und meine Gefühle von ihm bestimmen zu lassen. Das ist der erste Weg, mich von negativen Gefühlen zu befreien.

Der zweite Weg besteht darin, dass ich versuche, über den Mitarbeiter anders zu denken. Wenn ich ihn mit der Brille des Ärgers anschaue, entdecke ich nur Negatives in ihm. Es ist aber meine Entscheidung, einmal eine andere Brille aufzusetzen. Dann werde ich in diesem Mitarbeiter andere Züge entdecken. Ich werde erkennen, dass er mit sich selbst nicht zurechtkommt, dass er sich aber danach sehnt, von anderen angenommen und geliebt zu werden. Wenn ich ihn so betrachte, dann werde ich ihn anders erleben.

Es liegt also an uns, für welche Sichtweise wir uns entscheiden. Nur dürfen wir nicht meinen, wir könnten uns beliebig entscheiden. Wir müssen immer auch die Realität berücksichtigen und können sie nicht verbiegen. Und vor allem sollten wir uns von dem Leistungsdruck verabschieden, dass wir uns immer gut fühlen müssten.

Wenn Pollak formuliert »Ich erschaffe mich selbst durch meine Gedanken«, dann kann ich das so nicht akzeptieren. Denn dann könnte ich mich ja beliebig erschaffen, je nachdem, wie ich über mich denke. Die Gedanken müssen sich immer auch an der Realität orientieren. Ein Stück weit liegt es an uns, wie wir uns sehen und für welche Sichtweise wir uns entscheiden. Aber wir können die Sichtweise nicht beliebig manipulieren. Sonst würden wir uns in eine Scheinwelt hineinmanövrieren.

Pollak spricht davon, dass wir uns für das Glück entscheiden können: »Meine Möglichkeiten, innerlich Frieden, Freude und Glück zu empfinden, kann ich durch meine freie Entscheidung maßgeblich beeinflussen.« (Pollak 37) Dass wir unsere Gefühle maßgeblich beeinflussen durch die Art und Weise, wie wir über uns, unser Leben und wie wir über die anderen denken, ist für mich klar. Es liegt an uns, ob wir uns für eine positive oder negative Sichtweise entscheiden.

Aber zugleich ist es wichtig, dass wir die negativen Gefühle nicht vorschnell wegwischen. Denn sie drücken ja auch eine wichtige Erfahrung aus. Sie sagen etwas über uns aus. Wir sollen die negativen Gefühle anschauen und nicht einfach durch eine Entscheidung abservieren. So leicht lassen sie sich nicht wegschicken. Ich kann sie nur loslassen, wenn ich mich mit ihnen vertraut gemacht habe, wenn ich nach meinen tiefer liegenden Bedürfnissen forsche, die sich in diesen Gefühlen ausdrücken. Nur wenn ich mich mit allem beschäftige, was in mir auftaucht, ohne es zu bewerten, kann ich negative Gedanken und Gefühle loslassen. Das ist dann eine Entscheidung für das Leben und für die Freude.

Manche meinen, Freude könne man nicht machen. Ich kann mich nicht auf Befehl freuen. Das stimmt. Aber es liegt trotzdem an mir, mit welcher Brille ich durch das Leben gehe. Wenn ich offen bin für die Schönheit der Natur, die Schönheit der Musik, die Schönheit eines Menschen, dann entsteht in mir Freude. Ich kann mich auch in meiner Unlust einrichten. Dann wird mir alles unerträglich. Aber das bedeutet nicht, dass alles unerträglich ist. Ich erlebe es nur so, weil ich mich für diese negative Sicht entschieden habe.

Zum großen Teil liegt es durchaus an uns, ob wir uns für das Leben und für die Freude entscheiden oder dagegen. Aber bei all diesen Gedanken sollten wir realistisch bleiben. Sonst erzeugen wir im anderen eine Erwartungshaltung, die nie erfüllt wird. Ich kenne Menschen, die dachten, sie bräuchten nur positiv denken, dann würde sich alles richten. Doch sie sind damit jämmerlich gescheitert. Sie wollten mit ihren positiven Gedanken die Realität nicht wahrnehmen.

Es gibt auch eine Flucht in positive Gedanken. Wir sollen immer beide Pole sehen: die Wirklichkeit, so, wie sie ist – und die Wirklichkeit, so, wie wir sie sehen. Beides müssen wir berücksichtigen. Wie wir die Wirklichkeit erleben, hängt großenteils von unserer Sichtweise ab. Aber wir können die Wirklichkeit auch nicht beliebig durch unsere Sichtweise verändern. Wir müssen uns der Realität stellen. Sonst legen wir uns ein Gedankengebäude zurecht, das mit der Realität nichts mehr zu tun hat. Das führt dann irgendwann zum Realitätsverlust. Irgendwann wachen wir dann voller Schmerzen auf und erkennen, dass wir uns etwas vorgemacht haben. Wir wollten uns bisher der Wirklichkeit nicht stellen. Wir haben alles durch eine rosarote Brille gesehen und sind so letztlich am Leben vorbeigegangen.

Ein Unternehmer sagte mir, er bräuchte sich den Siegeswillen nur tief in das Unbewusste einzuprägen, dann müsse alles gelingen, was er vorhat. Doch zugleich erzählte er mir, dass er vor der Insolvenz stehe, weil er auf ein Projekt gesetzt habe, das zu groß für ihn gewesen sei. Ich sagte ihm, er solle sich von diesen abstrusen Ideen verabschieden: Statt sich einzureden, dass er immer siegen werde, solle er realistisch die Situation anschauen und sich dann für Wege entscheiden, die auch vor seinem Verstand standhalten. Er meinte, er hätte Misserfolg gehabt, weil er sich den Siegeswillen nicht tief genug ins Unbewusste eingeprägt habe. Er sei also selbst schuld, weil er die Methode des positiven Denkens nicht richtig beherrsche. Doch damit weigerte er sich, die Verantwortung für seine Entscheidungen auf sich zu nehmen. Er trat die Entscheidung an eine Methode ab, anstatt sich als Person zu entscheiden.

Eine Lehrerin geht täglich mit innerer Spannung in die Schule. Sie fühlt sich von ihren Kollegen und vom Rektor nicht angenommen. Die Art, wie der Rektor mit ihr umgeht, verletzt sie. Deshalb kostet es sie viel Energie, in die Schule zu gehen und sich den Schülern in guter Weise zuzuwenden. Das Gefühl, alleinzustehen, macht ihr zu schaffen. Hier liegt es durchaus an der Lehrerin und ihrer Entscheidung, wie sie in die Schule gehen will. Der heilige Benedikt verlangt vom Cellerar, dass er immer auf seine Seele achten soll. So sollte diese Lehrerin auch darauf achten, mit welcher Sichtweise und mit welchen Gefühlen sie in die Schule geht. Sie kann die Situation nicht ändern. Aber sie kann mit einer anderen inneren Einstellung in die Schule gehen.

Ein Weg wäre: Ich stelle mir vor, ich gehe in die Schule und bin ganz mit mir im Frieden. Ich gebe den anderen so keine Macht. Ich lasse mich von den anderen nicht bestimmen. Ich begegne ihnen freundlich. Aber ich mache mich nicht davon abhängig, wie sie auf meinen Gruß reagieren. Wenn sie mich nicht zurückgrüßen, lasse ich es bei ihnen. Aber ich lasse mich davon nicht bestimmen.

Eine andere Möglichkeit wäre: Bevor ich in die Schule gehe, segne ich die Schüler und Kollegen. Ich erhebe meine Hände zur Segensgebärde und stelle mir vor, wie der Segen Gottes durch meine Hände zu den Schülern und Kollegen strömt. Dann reagiere ich aktiv auf die Situation in der Schule. Ich lasse im Segen eine positive Energie in die Schule strömen. Dann werde ich auch anders hineingehen. Ich gehe nicht zu den Kollegen, die mich ablehnen, sondern zu gesegneten Kollegen. Ich werde sie anders anschauen und anders erleben.

Es braucht eine Entscheidung und zugleich einen Übungsweg, damit ich in dieser Weise in die Schule gehen kann. Aber wir sind den äußeren Bedingungen nicht einfach ausgeliefert. Wir können uns dafür entscheiden, die Bedingungen als Herausforderung zu nehmen, an der wir wachsen, anstatt uns von der Atmosphäre niederdrücken zu lassen.

In Gesprächen erlebe ich immer wieder Menschen, die sich über ihr Leben beklagen: Alles sei so schwer. Sie fühlen sich einsam. Sie werden von anderen nicht gewürdigt. Sie haben im Beruf keinen Erfolg. Sie kommen auf der Arbeit nicht so gut an wie ihre Kollegen. Ihre Ehe ist auch nicht so, wie sie es erwartet hatten.

Ich kann diesen Menschen nicht einfach sagen: Entscheide dich für das Leben. Aber wenn ich mich in diese Menschen hineinfühle, dann entdecke ich oft, dass sie ganz bestimmte Vorstellungen vom Leben haben. Und sie fühlen sich schlecht, weil diese Vorstellungen nicht eingetroffen sind: Sie sind nicht so attraktiv, wie sie sein wollten. Sie sind nicht so erfolgreich, wie sie geträumt hatten.

Ich kann mich nicht einfach entscheiden, erfolgreich zu sein oder attraktiv zu sein. Aber ich kann mich auch in so einer Situation für das Leben entscheiden. Ich entscheide mich, mich in meiner Durchschnittlichkeit anzunehmen, mich mit meinen mäßigen Erfolgen anzunehmen und mich daran zu freuen, wenn mir etwas gelingt.

Ich muss Abschied nehmen von den Illusionen, die ich mir vom Leben gemacht habe. Und dann kann ich mich fragen: Kann ich mein Leben nicht auch anders betrachten? Kann ich nicht dankbar sein für mein Leben, für das, was Gott mir geschenkt hat, für die Menschen, mit denen ich sprechen kann und die zu mir halten?

Ich kann nicht einfach sagen: Ab heute sehe ich alles positiv. Denn dann würde ich mir vieles zurechtbiegen. Aber ich kann dennoch versuchen, mein Leben anders zu sehen. Der Glaube ist letztlich auch eine Sichtweise meines Lebens. Der Glaube kann mir helfen, mitten in meiner Situation, die leidvoll ist – etwa weil ich von Krankheiten heimgesucht werde, weil ich finanziell nicht gut gestellt bin, weil ich mich mit vielen Problemen herumschlagen muss –, zu fragen: Was will Gott mir dadurch sagen? Ist meine Situation nicht auch eine Herausforderung, auf eine andere Ebene zu gehen, auf die spirituelle Ebene, in der ich mich bei allem mit Gott verbunden fühle? Ist das äußere Chaos nicht eine Einladung, in den inneren Raum in mir vorzudringen, in dem ich im Einklang bin mit mir, in dem ich heil bin und ganz, weil Gott in mir wohnt?

Wir können uns die äußeren Situationen nicht aussuchen. Wir können durch positives Denken nicht einfach äußeren Erfolg und Gesundheit bewirken. Aber wir können trotzdem unsere Einstellung in Frage stellen. Statt positiv zu denken, sollten wir im Glauben einen Weg finden, unsere Situation in einem anderen Licht zu sehen. Wenn wir sie mit anderen Augen sehen, können wir auch anders mit ihr umgehen. Und dann können wir mitten in schwierigen Verhältnissen doch eine innere Freiheit und inneren Frieden finden.

Theologisch erklärt Karl Rahner die Spannung zwischen dem, was uns vorgegeben ist, und unserer freien Entscheidung mit dem christlichen Verständnis des Menschen. Der Mensch ist immer zugleich Natur und Person. Natur bedeutet das, was seiner freien Entscheidung vorgegeben ist: sein Leib, seine Lebensmuster, seine Erziehung, seine Umwelt. Person aber bedeutet, dass der Mensch über sich frei verfügen kann, dass er sich zu dem, was ihm vorgegeben, so oder so einstellen, so oder so entscheiden kann.

Diese Spannung zwischen Natur und Person müssen wir immer im Auge haben, wenn wir Entscheidungen treffen. Wir können die Wirklichkeit durch unsere Entscheidungen nicht frei erschaffen. Aber wir können das, was uns vorgegeben ist, formen und gestalten. Wir sind nicht verantwortlich für die Wirklichkeit, die uns vorgegeben ist, sondern dafür, was wir daraus machen, wie wir uns zu ihr stellen und wie wir sie gestalten.

Wir sind nicht einfach Opfer, die das Vorhandene ertragen müssen. Wir sind freie Menschen, die das Vorhandene gestalten. Und wir sind freie Menschen, die zur Wirklichkeit, die uns vorgegeben ist, eine ganz bestimmte Einstellung gewinnen können. Mit unserer Einstellung werden wir die Wirklichkeit anders erleben: nicht als deren Opfer, sondern als freie Menschen, die auf sie aktiv reagieren. Das Formen und Gestalten und die Einstellung zu dem, was uns vorgegeben ist, liegt in unserer Hand. Darin liegt unsere Entscheidung.

Wie eine Entscheidung für das Leben aus dem Glauben heraus konkret aussieht, zeigen uns die Psalmen. Sie schildern die Situation, in der wir leben. Aber sie bleiben nicht in der Schilderung stecken, sondern versuchen, die Situation aus dem Glauben heraus anders zu sehen. Auf diese Weise gehen sie mit der Situation neu um.

Im Psalm 138 heißt es: »Muss ich auch gehen inmitten der Drangsal, du erhältst mich am Leben trotz der Wut meiner Feinde. Du streckst deine Hand aus, ja, deine Rechte hilft mir.« (Psalm 138,7) Der Beter erfährt sein Leben als Drangsal. Die Wut der Feinde umgibt ihn. Das ist nicht wegzuleugnen oder durch positives Denken aufzulösen. Doch ich kann mich in dieser Drangsal für den Glauben entscheiden, dass Gott mich am Leben erhält, dass er seine Hand nach mir ausstreckt, dass ich mitten in meiner Not trotzdem in Gottes Hand bin. Auf diese Weise entscheide ich mich, nicht über meine Drangsal zu jammern, sie auch nicht mit einer rosaroten Brille anzusehen. Vielmehr stelle ich mich ihr aus dem Glauben heraus, und mir ist klar, dass ich mitten in der Drangsal von Gottes guter Hand getragen bin.

Manche sagen: Das klingt schön, aber das erfahre ich nicht. Es ist auch eine Entscheidung, diese Sichtweise einmal zu probieren. Dann ist es nicht wichtig, ob ich Gottes Hand erfahre oder nicht. Glauben heißt auch, sich dafür entscheiden, dass es so ist, oder anders ausgedrückt: So tun, als ob es stimmt. Und indem ich mich für diese Hypothese entscheide, werde ich eine andere Erfahrung mit meiner Drangsal machen.

Gemeinsame Entscheidungen

Eine Entscheidung zu treffen, ist etwas ganz Persönliches. Es gibt aber immer auch Entscheidungen, die wir gemeinsam fällen. In der Familie muss man sich gemeinsam entscheiden, wie man Weihnachten feiern will, wie man den Urlaub verbringen möchte oder wie die einzelnen Verantwortungen innerhalb der Familie aufgeteilt werden. In einer Klostergemeinschaft gibt es gemeinsame Entscheidungen. Dort gibt es die Gremien des Seniorates, der viele Fragen des Klosterlebens entscheidet. Und es gibt die Konventsitzung, die für wichtige Entscheidungen zuständig ist. In jeder Firma müssen Entscheidungen getroffen werden. Auch hier werden die entscheidenden Weichen immer in einem Gremium gestellt. Das Team bespricht die Probleme und entscheidet dann gemeinsam. Die Frage ist, wie gemeinsame Entscheidungen zustande kommen und wie wir zu guten Entscheidungen gelangen.

In der geistlichen Tradition ist das Urbild für gemeinsame Entscheidungen der Prozess der Entscheidungsfindung, den die kleine Gemeinschaft um Ignatius von Loyola durchgemacht hat. Die Gefährten stehen »vor der Frage, ob sie ihrer Gruppe einen dauernden Zusammenhalt geben und sich dafür einer Ordnung oder Regel unterstellen wollen, weil sonst die Gruppe in der Zerstreuung bald auseinanderfallen würde. In dieser Situation entschließen sie sich, sich drei Monate Zeit zu nehmen, um über ihren weiteren gemeinsamen Weg zu beraten – und zu beten«. (Waldmüller 13) Sie standen vor der Entscheidung, ob sie einen Orden gründen oder einfach nur locker zusammenarbeiten wollen.

Heute hat kaum eine Gruppe drei Monate Zeit, um wichtige Entscheidungen zu fällen. Heute geht alles viel schneller. Aber trotzdem können die ersten Gefährten des heiligen Ignatius in ihrer Art und Weise, wie sie die Entscheidung treffen, ein Vorbild sein. Sie kommen jeden Abend zusammen. Jeder erzählt, was ihm tagsüber an Für und Wider gekommen ist. Die anderen hören zu. Es gibt keine Diskussion über das Für und Wider. Jeder hört einfach zu, was der andere sagt. Danach gibt es einen Gedankenaustausch. Jeder soll auf dem Hintergrund des Gehörten sagen, was in seiner Sicht die beste Option ist. So kommen sie langsam zu einer einstimmigen Entscheidung über ihre Zukunft.

Heute gibt es oft nicht viel Zeit, um eine Entscheidung treffen zu können. Und das Ideal, einstimmig zu entscheiden, kann wohl keine Gemeinschaft und keine Firma für sich beanspruchen. Trotzdem können wir von diesen Gefährten lernen, dass wichtige Entscheidungen nicht mit Gewalt und unter hohem Zeitdruck »durchgepeitscht« werden sollen. Denn dann entsteht kein wirkliches Miteinander. Es liegt zwar eine Entscheidung vor. Aber die wird für die Einzelnen wohl kaum zum Segen. Denn viele fühlen sich dann beim Prozess übergangen und nicht genügend ernstgenommen.

Gerade in der ersten Phase des Entscheidungsprozesses ist es wichtig, dass jeder in einer Familie, in einer Gruppe, in einer Firma zu Wort kommt, und dass wir nicht sofort dagegen argumentieren. Es braucht die Kunst, gut zuzuhören und seine eigene Meinung in Frage stellen zu lassen. Das, was der andere sagt, soll verglichen werden mit den eigenen Gefühlen und Argumenten. Und man soll die Meinung des anderen erst einmal stehenlassen.

Gut ist auch die Übung, die die Gefährten des Ignatius praktiziert haben: dass man über eine Entscheidung erst einmal schläft. Im Schlaf tauchen wir in tiefere Schichten unserer Seele ein. Von dieser Tiefe aus wird oft klarer, was für uns wirklich gut ist. Da geht es dann nicht nur um rationale Argumente, sondern um die inneren Bilder der Seele. Die Seele weiß oft besser als der Verstand, was für die Gruppe gut ist.

Schon vor Ignatius von Loyola hat Benedikt von Nursia das Problem der gemeinsamen Entscheidungen in seiner Regel behandelt. In der Regel geht es jedoch weniger um eine Entscheidung der Gruppe, sondern um die Entscheidung des Abtes. Doch der Abt soll sich von den Brüdern beraten lassen.

Benedikt schreibt: »Sooft etwas Wichtiges im Kloster zu behandeln ist, soll der Abt die ganze Gemeinschaft zusammenrufen und selbst darlegen, worum es geht. Er soll den Rat der Brüder anhören und dann mit sich selbst zu Rate gehen. Was er für zuträglicher hält, das tue er. Dass aber alle zur Beratung zu rufen seien, haben wir deshalb gesagt, weil der Herr oft einem Jüngeren offenbart, was das Bessere ist.« (RB 3,1–3) Benedikt geht davon aus, dass jeder Bruder etwas beizutragen hat, gerade auch die Jüngeren. Das war in einer Zeit, in der man vor allem den Alten Weisheit zubilligte, revolutionär.

Es geht nicht um Ansehen der Person, sondern darum, dass Christus durch jeden Menschen – auch durch den jungen, auch durch den unerfahrenen – sprechen kann. Das verlangt eine andere Kultur des Miteinander-Redens, als wir oft in unseren Sitzungen gewohnt sind. Anstatt zu überlegen, wie ich die Meinung des anderen widerlegen kann, soll ich genau hinhören, was Christus selbst mir durch den anderen sagen möchte. Vielleicht geht seine Meinung in eine ganz andere Richtung. Aber gerade durch die auf den ersten Blick irrsinnig erscheinende Stimme kann Christus selbst der Gemeinschaft etwas sagen und sie von ihren eingefahrenen Vorurteilen befreien.

Bei Benedikt ist es immer der Abt, der entscheidet. Benedikt kennt keine Mehrheitsentscheidungen. Aber der Abt hat die Aufgabe, auf die Brüder zu hören. Denn Christus selbst spricht durch die Brüder. Der Abt hört die Stimme Christi nicht nur in seinem eigenen Herzen, sondern im offenen Hinhören auf die Brüder. Das braucht Demut und die Bereitschaft, wirklich auf Gottes Stimme zu hören und nicht seine eigene Meinung durchzusetzen.

Es geht nicht darum, welchem Modell wir folgen, dem benediktinischen – das heute allerdings nicht genau dem Wortlaut der Regel folgt, sondern durchaus Abstimmungen kennt, an die sich der Abt zu halten hat – oder dem ignatianischen. Entscheidend ist, dass wir eine Kultur des Miteinander-Redens und Miteinander-Entscheidens entwickeln, die für die Gruppe angemessen ist.

Normalerweise braucht es auch in einer Gruppe einen Verantwortlichen, der das Heft in die Hand nimmt. Er muss ein gutes Gespür besitzen, um nach einer Phase des Zuhörens und Austauschens den richtigen Zeitpunkt zu erkennen, um eine Entscheidung herbeiführen zu können. Wenn er das Gefühl hat, dass alle Argumente ausgetauscht worden sind und dass es durchaus verschiedene Meinungen, aber doch eine gemeinsame Richtung gibt, dann kann er die Gruppe vor die Frage stellen: Seid ihr bereit, zu entscheiden? Oder ist noch Diskussionsbedarf oder Klärungsbedarf? Wenn dann die Gruppe zustimmt, jetzt entscheiden zu wollen, dann hat er dafür zu sorgen, dass die Entscheidungsfrage klar formuliert und dass dann eine Entscheidung getroffen wird.

Dabei ist wichtig, dass er die Entscheidungen der Einzelnen nicht wertet. Wenn die Mehrheit dafür stimmt, dann nimmt er das als die gemeinsame Entscheidung an. Er verzichtet darauf, die abweichenden Stimmen zu bewerten. Jeder hat die Freiheit, so zu entscheiden, wie er möchte. Und jeder wird mit seiner Meinung respektiert. Keiner darf zu einer Entscheidung gedrängt werden. Und ich darf denen, die dagegen gestimmt haben, kein schlechtes Gewissen vermitteln. Sie haben nach ihrem Gewissen entschieden. Und das ist gut so. Ihre negative Stimme ist genauso wichtig wie die Zustimmung der anderen. Nur so kann man die gemeinsame Entscheidung dann durchtragen.

Der Verantwortliche hat dafür zu sorgen, dass diese Entscheidung dann der Firma oder der Gruppe mitgeteilt wird. Und seine Aufgabe ist es, auch die Mitglieder, die anders gestimmt haben, ins Boot zu holen, damit sie die Entscheidung mittragen.

Wichtig ist, dass die Gruppe genau weiß, ob sie Entscheidungskompetenz oder nur Beratungskompetenz hat. Denn wenn eine Gruppe ehrlich um eine Lösung ringt, dann ist sie frustriert, wenn diese Lösung nicht durchgesetzt wird, wenn die Entscheidungsträger sich über diese Lösung einfach hinwegsetzen. Wenn sie jedoch weiß, dass die Ergebnisse ihrer Sitzungen nur Vorschläge sind, die der Vorstand berücksichtigt, aber denen er nicht unbedingt folgen muss, dann entsteht in der Gruppe von vornehrein ein anderes Klima. Natürlich tun die Entscheider gut daran, sich nicht leichtfertig über die Vorschläge einer Gruppe hinwegzusetzen. Sonst sinkt die Motivation, ernsthaft nach Lösungen zu suchen. Die Klarheit über die Kompetenzen jeder Gruppe und jedes Einzelnen dient der guten Entscheidungsfindung.

Manchmal hat man den Eindruck, dass in der Politik Beratungsgremien nur ein Feigenblatt sind, das man vor die eigene Blöße hält. Man schmückt sich mit der Tatsache, einen Rat der Wirtschaftsweisen oder eine ethische Kommission zu haben. Was die Wirtschaftsweisen jährlich an Ratschlägen erteilen, das wird zwar gehört. Doch nur das, was die eigene Politik bestätigt, wird gelobt. Das andere wird übergangen. Anstatt sich wirklich mit dem Rat auseinanderzusetzen, setzt man sich über ihn hinweg. Man hat ihn ja eingesetzt. Er darf arbeiten. Aber wenn die Arbeit einem nicht passt, dann trifft man doch die Entscheidungen, die der eigenen politischen Linie entsprechen. Das ist kein reifes Entscheidungsverhalten. Leider geben uns die Politiker hier ein schlechtes Beispiel. Doch es macht leicht Schule. Auch Firmen haben ihre Beratungskommissionen. Doch oft ist die Arbeit umsonst, weil man sich nicht wirklich beraten lässt, sondern immer nur das herauspickt, was der eigenen Meinung entspricht. So können keine wirklich klugen und wegweisenden Entscheidungen gefällt werden.

Gewissensentscheidung

Ein Thema, das vor allem von Moraltheologen immer wieder diskutiert wurde, ist das Thema der Gewissensentscheidung. Soll ich mich bei einer Entscheidung nach den Normen des Gesetzes oder der kirchlichen Lehre richten oder nach meinem eigenen Gewissen? In der Bibel kommt der Begriff der »syneidesis«, des Gewissens, erst in den Paulusbriefen und in den Pastoralbriefen vor. Dort geht es darum, ein gutes Gewissen zu haben und auch das Gewissen der anderen nicht zu verletzen. Gerade die Pastoralbriefe übernehmen den Begriff der stoischen Philosophie, die vom Gewissen als der inneren Norm des

Menschen spricht. Die Bibel hat diesen philosophischen Begriff christianisiert, indem sie das Gewissen mit dem Herz in Verbindung brachte. Der Mensch soll ein gutes, ein reines Gewissen haben. Er soll in seiner ganzen Lebensführung seinem innersten Wesen entsprechen.

Der Dominikaner und mittelalterliche Kirchenlehrer Thomas von Aquin hat die Lehre vom Gewissen mit dem neuen christlichen Verständnis des Menschen als Person verbunden. Nach Thomas ist nicht das Allgemeine das Höchste, wie es noch die griechische Philosophie gelehrt hat, sondern die Person, also der Einzelne. Das hat Auswirkungen auf die Lehre vom Gewissen. Nicht mehr die allgemeine Norm ist die höchste Instanz für die Person, sondern das Gewissen. Thomas definiert das Gewissen als »die Anwendung des Wissens auf eine konkrete Handlung«. (Zitiert nach: Heinzmann 49) Wissen ist dabei für Thomas nicht einfach nur das äußere »Zur-Kenntnis-Nehmen, sondern Erfassen der Richtigkeit und inneren Einsichtigkeit des Gebotenen«. (Heinzmann 49)

Daraus folgt für Thomas: »Der Wille muss der Einsicht folgen, auch auf das Risiko hin, dass diese sich in einem unüberwindlichen Irrtum befindet. Eine Alternative dazu gibt es nicht, wenn die Würde des christlichen Personseins gewahrt werden soll.« (Heinzmann 50) Allerdings muss der Mensch nach allen Kräften streben, das Gesetz, das Gott in die Natur hineingelegt hat, zu erkennen. Der Mensch ist verantwortlich für sein Wissen. Aber trotzdem gilt, dass es keine Instanz gibt, »die den Menschen zwingen dürfte und könnte, auch Gott nicht, gegen seine Überzeugung zu handeln«. (Heinzmann 59)

Manche Menschen fragen sich: Kann ich mich gegen ein Gebot der Kirche entscheiden, wenn mein Gewissen mir etwas anderes sagt? Ein Beispiel: Die kirchliche Lehre sagt, dass jemand, der geschieden ist und wieder geheiratet hat, nicht zur Kommunion gehen darf. Wenn mein Gewissen mir sagt, dass Jesus auch mich einlädt, zur Kommunion zu gehen, um mich für meinen Weg zu stärken und mich mit seiner Liebe zu erfüllen, darf ich dann gehen oder nicht?

Nach der Lehre des Thomas von Aquin, die die Kirche als für sich verbindlich übernommen hat, ist die Antwort eindeutig: Ja, wenn mein Gewissen rein ist, dann ist dies für mich die Norm und nicht das kirchliche Gebot. In diesem Sinne haben auch die oberrheinischen Bischöfe Karl Lehmann, Walter Kaspar und Oskar Saier in ihrem Hirtenbrief 1993 argumentiert und die wiederverheirateten Paare eingeladen, ihrem Gewissen zu folgen und zur Kommunion zu gehen. Der Priester, der die Kommunion austeilt, darf diesen Gläubigen, die ihrem Gewissen folgen, die Kommunion nicht verweigern. Er muss ihre Gewissensentscheidung achten.

Doch die Frage nach dem Gewissen bewegt uns nicht nur bei typisch kirchlichen Themen. Das Gewissen hat grundsätzliche Bedeutung. Auf der einen Seite soll ich mein Gewissen bilden und die Normen berücksichtigen, die mir das Naturgesetz vorgibt und die mir Staat und Kirche vorschreiben. Aber ich darf bei allem meinem Gewissen trauen. Allerdings darf ich das Gewissen nicht mit meiner Meinung oder meiner Lust verwechseln. Ich darf nicht jede Entscheidung, die ich aus einer Laune oder einem persönlichen Bedürfnis heraus treffe, sofort als Gewissensentscheidung deklarieren. Und nicht jede persönliche Überzeugung kann »den Anspruch erheben, als Gewissensspruch zu gelten«. (Gründel 100)

Manche berufen sich zu schnell auf ihr Gewissen und sind nicht bereit, sich den vorgegebenen Normen zu stellen. Nach Thomas von Aquin ist eine Gewissensentscheidung nur dort anzusetzen, wo die Person ganz bei sich selbst ist und wo sie in ihrer inneren Tiefe angekommen ist. Diese Gewissensentscheidung hat jeder Politiker zu treffen, wenn er im Parlament abstimmt. Jeder Wirtschaftler wird immer wieder vor die Frage gestellt, ob er seine Entscheidungen mit seinem Gewissen vereinbaren kann. Und wir selbst sind in unserem konkreten Verhalten anderen Menschen oder der Schöpfung gegenüber immer wieder mit Gewissensentscheidungen konfrontiert.

Ein großer Verfechter der Gewissensfreiheit war Kardinal Henry Newman, ein anglikanischer Geistlicher und Theologe, der aus Gewissensgründen zur katholischen Kirche übertrat. Er wurde von seinen eigenen Leuten attackiert, aber auch von den römischen Behörden eher misstrauisch betrachtet. Berühmt ist ein Trinkspruch auf die Religion und auf den Papst, »jedoch zuerst auf das Gewissen, und erst dann auf den Papst«. (Zitiert nach: Wiedmann 82) Für manche katholische Theologen war das ein Affront gegen den Papst. Aber Karl Rahner verteidigt diesen Trinkspruch Kardinal Newmans als urkatholisch: »Man kann das Gewissen nie gleichsam an einen anderen abgeben und abliefern.« (Wiedmann 82)

Im Gewissen nehme ich meine Verantwortung vor Gott wahr. Ich antworte in meinem Gewissen auf den Ruf, den ich von Gott her höre. In der persönlichen Verantwortung vor Gott kann sich der Mensch »von niemandem vertreten lassen, auch nicht von einer übergeordneten Autorität. Selbst wem ich gehorche, habe ich zu verantworten«. (Gründel 103)

Es geht daher darum, bei allen Entscheidungen auf das Gewissen zu hören: auf die innere Stimme, in der Gott selbst zu uns spricht. Wir sollen dem inneren Ratgeber trauen, den Gott uns gegeben hat. Die Tradition nennt diesen inneren Ratgeber das Gewissen. Dabei unterscheidet sie zwischen Gewissensanlage (»synteresis«) und Gewissensspruch (»conscientia«).

Das griechische Wort »synteresis« meint ein Zusammenschauen der verschiedenen Aspekte einer Entscheidung. Diese

Gewissensanlage ist in jedem Menschen vorhanden. Das meint letztlich auch das lateinische Wort »conscientia«. Es bedeutet »Mitwissen«, »Zusammenwissen«.

In uns ist eine Instanz, die all das zusammensieht, was wir bei einer Entscheidung bedenken sollen. Das Gewissen führt uns zu der inneren Instanz, aus der heraus wir jede Entscheidung treffen sollen. Im Gewissen wissen wir um die innere Wahrheit, der wir bei jeder Entscheidung gerecht werden sollen. Im Gewissen wissen wir aber immer auch um die anderen Menschen, die wir mit unserer Entscheidung berühren. Das Gewissen bewahrt uns davor, Entscheidungen zu treffen, die den anderen schaden. Im Gewissen sind wir immer schon mit den Menschen verbunden, für die wir in unserem Tun Verantwortung übernehmen. Und wir sind mit Gott verbunden, vor dem wir die Verantwortung für unsere Entscheidungen zu tragen haben.

In meinen Gesprächen begegne ich oft Menschen, die ein skrupulöses Gewissen haben, das heißt, sie werden ständig von Gewissensbissen geplagt. Das Wort Skrupel kommt vom lateinischen Wort »scrupulus« und meint »scharfer, spitzer Stein«. Die Gewissensbisse sind wie spitze Steine, die im Inneren ein stechendes Gefühl und einen peinigenden Zweifel hervorrufen. Das skrupulöse Gewissen sieht überall Schuld und plagt den Menschen mit ständigen Schuldgefühlen. Alles, was er tut, ist Sünde.

Das skrupulöse Gewissen weist auf eine neurotische Struktur hin. Oft ist es Ausdruck von belastenden emotionalen Erlebnissen, die man nicht verarbeitet hat. Und oft weist es auf eine tiefere Schuld hin: auf die Schuld, an seiner eigenen Wahrheit vorbeizuleben. Weil man sich dieser Schuld gegenüber dem ungelebten Leben nicht zu stellen wagt, sucht man sich als Schuld kleinere Taten und Gedanken, um die man ständig kreist. Das ständige Kreisen um die eigene Schuld verdrängt das tiefe Gefühl, dass ich eigentlich an mir vorbeilebe, dass mein Leben so, wie ich es lebe, eigentlich nicht stimmt.

Es ist nicht so leicht, einen Menschen von seinem skrupulösen Gewissen zu befreien. Es braucht ein ehrliches Hinschauen auf die eigentlichen Ursachen. Und oft genug kann nur eine Therapie diese tieferen Ursachen aufdecken und so dem Menschen helfen, sich der eigenen Wahrheit zu stellen und sich in seiner eigenen Brüchigkeit anzunehmen. Gott sei Dank sind heute die typischen Skrupulanten, die viele Beichtväter genervt haben, seltener geworden.

Ihnen, lieber Leser, liebe Leserin, möchte ich sagen: Trauen Sie Ihrem Gewissen. Es ist die höchste Norm, nach der Sie Entscheidungen treffen sollen. Gott selbst hat Ihnen das Gewissen geschenkt, ein inneres Gespür für das, was richtig ist. Wenn Ihr Gewissen zu ängstlich oder gar skrupulös ist, dann suchen Sie sich Hilfe. Auch dann sollten Sie dem Gewissen trauen, zwar nicht hinsichtlich der Vorwürfe, die es Ihnen wegen Ihrer Gedanken und Taten macht, sondern hinsichtlich Ihrer Wahrheit. Es zwingt Sie, sich der eigenen Wahrheit zu stellen. Aber sind Sie dankbar, wenn Sie ein klares und gesundes Gewissen haben, das Ihnen sagt, was für Sie gut ist und was Sie eher vermeiden sollten. So wünsche ich Ihnen, dass Sie die vielen Entscheidungen, die Sie während Ihres Lebens zu treffen haben, immer aus dieser inneren Instanz des Gewissens heraus fällen, und dass von Ihren Entscheidungen Segen für Sie selbst und für die Menschen ausgeht.

SCHLUSSGEDANKEN

Täglich müssen wir uns entscheiden

Das Thema der Entscheidung berührt viele Bereiche unseres Lebens. Als ich angefangen habe, darüber nachzudenken und nachzulesen, erkannte ich, wie wichtig dieses Thema für das Gelingen des Lebens ist. Es ist ein Thema, das jeden Einzelnen berührt. Jeder entscheidet letztlich, was er aus seinem Leben macht, wie er auf die Herausforderungen von außen reagiert, wie er auf seine Gefühle und Gedanken antwortet und welchen Sinn er seinem Leben geben will.

Täglich müssen wir uns entscheiden. Ja, fast jeden Augenblick steht die Entscheidung an, was wir jetzt machen sollen: ob wir weiterlesen oder arbeiten oder telefonieren oder sonst etwas tun wollen. Manche hüpfen von einem zum anderen, ohne sich bewusst für das eine oder andere zu entscheiden. Sie bleiben nicht bei ihren Entscheidungen. So kommt Unruhe in ihr Leben hinein.

Neben den täglichen Entscheidungen geht es auch um die Frage der Lebensentscheidung. Wie möchte ich die nächsten Jahre leben? Für welchen Weg entscheide ich mich? Wir treffen Entscheidungen, die unser ganzes Leben prägen und uns für die Zukunft binden. Solche Entscheidungen wollen gut überlegt sein. Von ihnen hängt ab, ob unser Leben gelingt. Sie können nur innerhalb eines größeren Sinnzusammenhanges getroffen werden. Ich entscheide mich ein Leben lang nur dann, wenn mir diese Entscheidung einen Sinn für mein Leben eröffnet.

Als ich über das Thema Entscheidung nachgedacht und die entsprechenden Bücher und Artikel darüber gelesen habe, wurde mir immer klarer, dass es nicht nur um die einzelnen Entscheidungen in unserem Leben geht, sondern dass der Mensch selbst von seinem Wesen her Entscheidung ist. Er ist immer schon als Person vor die Entscheidung gestellt, sich für oder gegen Gott, sich für oder gegen das Leben zu entscheiden. Es gibt keine Person ohne Entscheidung. Es gibt kein Leben ohne Entscheidung.

Das Wort »Entscheidung« kommt ja vom althochdeutschen Wort »sceidan« und ist mit »Scheit« verwandt. Das Holzscheit, das durch einen Axthieb in zwei Teile geteilt wird, ist ein Bild dafür, dass auch in unserem Leben etwas geschieden werden soll. Die Bibel hat dieses Scheiden in den Ursprung der Schöpfung verlegt. Die Schöpfung besteht darin, dass Gott das Licht von der Finsternis scheidet, die Ordnung vom Chaos, das Wasser unterhalb des Gewölbes vom Wasser oberhalb des Gewölbes. (Vgl. Genesis 1,4–7) Die höchste Würde des Menschen besteht darin, dass er am schöpferischen Handeln Gottes teilhat. Und dazu gehört das Scheiden und Entscheiden. Im Entscheiden scheidet der Mensch das Geformte vom Ungeformten, das Bewusste vom Unbewussten, das Helle vom Dunklen. Im Entscheiden formt der Mensch seine eigene Person. Er wird immer mehr zur Person, die über sich selbst bestimmt und nicht mehr von irgendwelchen Bedürfnissen oder Trieben bestimmt wird. Die Entscheidung hat mit der Freiheit des Menschen zu tun und mit seiner Würde als Person, die für sich selbst verantwortlich ist.

Unser Leben ist ein ständiger Prozess des Entscheidens und des Scheidens. Wir scheiden in uns das Gute vom Bösen, das Richtige vom Falschen, das Klare vom Trüben. Aber zugleich wissen wir, dass wir das Gute nicht vollständig vom Bösen trennen können, das Bewusste nicht vom Unbewussten, das Helle nicht vom Dunklen. Beides gehört zusammen. Und doch braucht es immer wieder das Scheiden und Zusammenfügen, das Entscheiden und das eindeutige Tun, damit wir das Ziel unseres Lebens nicht aus den Augen verlieren.

Das Entscheiden bringt unser Leben immer mehr in die Richtung, die unserem Wesen entspricht, in der unser ursprüngliches und unverfälschtes Bild immer klarer aufleuchten kann. Im Entscheiden werden wir zu Mitschöpfern Gottes. Wir haben teil an seinem Scheiden im Ursprung der Schöpfung. Das Ziel dieser Schöpfung war der Mensch, den Gott nach seinem Bild und Gleichnis geschaffen hat. In unseren Entscheidungen soll dieses ursprüngliche Bild Gottes immer mehr geschieden werden von den Trübungen, die sich über dieses Bild legen – durch die Projektionen, die andere uns überstülpen, oder durch die Illusionen, die wir von uns selbst entwerfen.

So wünsche ich Ihnen, liebe Leser und Leserinnen, dass Sie sich immer wieder für das Leben entscheiden, dass Sie Entscheidungen treffen, die Ihrem Leben eine klare Richtung geben, die es zum Blühen bringen. Und ich wünsche Ihnen innere Klarheit bei Ihren Entscheidungen und Freiheit und Vertrauen in Ihr Gewissen, Vertrauen auf Ihre innere Stimme.

Das Vertrauen wird Sie befähigen, sich zu entscheiden, ohne viel Energie zu verschwenden, ohne sich in Grübeleien zu verstricken und ohne nach der Entscheidung den anderen Möglichkeiten nachzutrauern. So werden Sie die Verantwortung für sich und Ihren Lebensweg übernehmen. Sie geben mit Ihrem Leben Antwort auf den Ruf, den Gott an Sie richtet, den Ruf zu einem authentischen Leben, zu einem Leben, das Ihrem inneren Wesen entspricht und das zum Segen für Sie und für die Menschen wird.

GEBETE

Gebete um Entscheidungen,
Gebete vor Entscheidungen

Mich für das Leben entscheiden
Gegen das Dahinleben

Barmherziger und guter Gott,
ich bin unzufrieden mit meinem Leben.
Ich habe den Eindruck, dass ich einfach nur so dahinlebe.
Ich spüre, dass ich die Unverbindlichkeit aufgeben muss, dass ich
   mich für das Leben entscheiden muss. Ich lasse alles offen. Ich
   lasse alles treiben.
Schenke mir Deinen Heiligen Geist, damit ich mich täglich neu für
   das Leben entscheide.
Heute, an diesem Tag, möchte ich mich für das Leben entscheiden.
Ich will nicht mehr einfach nur dahinleben, von den Umständen
   und von den andern gelebt werden. Ich möchte selbst leben.
Stärke Du meinen Rücken, damit ich mich endlich für das Leben
   entscheide.
Hilf mir, damit ich mein Leben selbst in die Hand nehme und nicht
   immer nur auf andere warte, bis sie für mich die Probleme lösen.
Lass mich in jedem Augenblick neu die Entscheidung für das Leben
   und gegen den Tod, gegen die Routine, gegen das Gelebtwerden
   treffen, damit mein Leben gesegnet sei und ich selbst zum Segen
   werde für andere.
Amen.

Segne, was ich in die Hand nehme
Gegen das Opfersein

Herr Jesus Christus,
ich fühle mich so oft als Opfer.
Ich jammere, weil die anderen mich nicht verstehen.
Ich beklage mich, dass die Chefin mich übersieht.
Ich habe den Eindruck, dass mein ganzes Leben von der Zustimmung oder Ablehnung der anderen abhängt.
Oft ärgere ich mich darüber, weil ich spüre, dass ich mich völlig von der Reaktion anderer abhängig mache.
Ich möchte endlich selbst leben. Ich will nicht mehr in der Opferrolle bleiben.
Gib Du mir die Kraft und den Mut, mich von meiner Opferrolle zu verabschieden und selbst die Verantwortung für mein Leben zu übernehmen.
Manchmal fühle ich mich in der Opferrolle wohl, weil ich dann den anderen die Schuld an meiner Notlage geben kann. Doch zugleich weiß ich in der Tiefe meiner Seele, dass ich mich damit nur von der Fülle des Lebens ausschließe.
Jesus, Du hast den Mann mit der verdorrten Hand, der sich auch als Opfer gefühlt hat, aufgefordert: »Stell dich in die Mitte!«
Stärke auch mich, dass ich es wage, mich dem Leben zu stellen, anstatt mich in der Opferrolle einzurichten.
Und sprich auch zu mir das Wort, das Du zu dem Mann in seiner Opferrolle gesagt hast: »Strecke deine Hand aus!«
Ja, in Deiner Kraft will ich meine Hände ausstrecken und mein Leben selbst in die Hand nehmen.
Segne alles, was ich in die Hand nehme, damit das Werk meiner Hände Segen bringt für die Menschen.
Amen.

Die Freude wählen können
Gegen das Jammern

Jesus Christus,
Du hast so gesprochen, dass die Menschen mit ihrer Freude in Berührung gekommen sind.
Ich sehe überall immer nur das Negative. Ich bin so freudlos. Ich warte darauf, dass die anderen mir Freude bereiten, dass die anderen mich so lieben, dass ich mich über ihre Liebe und über ihre Zuwendung freuen kann. Aber ich spüre auch, dass ich mich damit von anderen abhängig mache.
Du hast mir einen Weg gezeigt, mitten in der Trauer mich für die Freude und mitten im Weinen mich für das Lachen zu entscheiden.
Es gibt genügend Dinge, über die ich mich freuen könnte: über meine Gesundheit, über meinen Leib, über die Freunde, die mir zur Seite stehen, über die Schönheit der Natur, über diesen sonnigen Tag.
Aber ich verschließe mich vor der Freude. Ich sehe immer genügend Gründe, die mich traurig machen und mich jammern lassen.
Da brauche ich Dich, Jesus, dass Du Dich vor mich hinstellst und mir sagst: »Wähle das Leben. Wähle die Freude. Die Freude ist in dir. Es liegt an dir, dass du die Freude, die auf dem Grund deiner Seele strömt, durch meine Worte, durch die Erfahrungen deines Alltags, durch die Menschen, die dich lieben, immer höher ansteigen lässt, bis sie dein ganzes Bewusstsein durchdringt.«
Ja, Herr, ich bitte Dich darum, dass Du mich in Berührung bringst mit der Freude, die schon in mir ist, damit ich mich täglich neu für die Freude entscheide.
Amen.

Befreie mich von den Grübeleien
Den Entscheidungen nicht nachtrauern

Barmherziger und guter Gott,
wenn ich eine Entscheidung getroffen habe, dann komme ich einfach nicht zur Ruhe.

Dann überlege ich mir, ob die Entscheidung wirklich richtig war.

Ich trauere dem nach, gegen das ich mich entschieden habe. Ich habe das Gefühl, dass ich die Entscheidung zu schnell getroffen habe. Aber wenn ich mir überlege, die Entscheidung rückgängig zu machen, finde ich auch keine Ruhe.

Ich weiß nicht, was ich machen soll. Aber die Entscheidung bringt keine Klarheit in mein Leben.

Ich entscheide mich und habe mich im Grunde doch nicht entschieden. Denn ich kreise immer wieder über die Folgen dieser Entscheidung und über die möglichen Folgen einer anderen Entscheidung.

Ich komme einfach nicht von diesem Grübeln los.

Sende mir Deinen Geist der Klarheit, damit ich endlich diese Grübeleien loslassen kann und mich ganz und gar auf die Entscheidung konzentrieren kann, die ich getroffen habe.

Ja, ich möchte meine Energie in die Richtung fließen lassen, die mir meine Entscheidung vorgibt. Aber ich fühle mich so oft blockiert. Meine Energie fließt nicht ins Leben, sondern nur in die Grübeleien. Das lähmt mich.

Befreie mich von allen Grübeleien, von dem Nachtrauern all der verpassten Chancen.

Lass mich in Klarheit und Freiheit den Weg gehen, für den ich mich entschieden habe. Und segne jede Etappe dieses Weges, damit mich dieser Weg in immer größere Lebendigkeit, Freiheit, Frieden und Liebe hineinführen möge.

Amen.

Schenk mir Vertrauen in meine Kraft
Sich nicht von anderen abhängig machen

Barmherziger und guter Gott,
ich traue mich oft nicht, Entscheidungen zu treffen, weil ich Angst
habe, wie die anderen darauf reagieren. Wenn ich eine falsche
Entscheidung treffe, dann sagen sie mir: »Das hätte man doch
voraussehen müssen. Wie kann man nur eine solche Entscheidung treffen?«
Ich starre so sehr auf die Reaktion der anderen, dass ich gar nicht
mehr klar denken kann.
Schenke Du mir Deinen Heiligen Geist, dass er mich stärkt.
Lass Deinen Geist in meinen Geist einströmen, damit ich meinem
eigenen Gespür trauen kann.
Wenn Dein Geist durch mich hindurchströmt, dann ist es nicht nur
mein eigener Geist, der die Entscheidungen trifft, dann bist Du
mitten in meinen Entscheidungen.
Dann ist es nicht mehr so wichtig, wie die anderen reagieren.
Ich halte dann nicht ständig Zwiegespräche mit den anderen und
überlege, was sie mir alles sagen könnten.
Vielmehr bin ich dann im Dialog mit Dir, barmherziger Gott. Und
dieser Dialog tut mir besser als die dauernden Grübeleien über
die Gedanken der anderen.
So schenke mir Vertrauen in Deine und in meine Kraft und die Gelassenheit, damit ich die Reaktionen der anderen einfach bei ihnen lassen kann, ohne mich davon abhängig zu machen.
Darum bitte ich Dich durch Jesus Christus, meinen Herrn, der mir
den Rücken stärkt.
Amen.

Die eigenen Zweifel loslassen
Bei Kaufentscheidungen

Jesus Christus,
ich brauche ein neues Auto, ich muss mir Kleider kaufen und es geht
um neue Haushaltsgeräte.
Du weißt, wie viel Kraft mich solche Kaufentscheidungen kosten.
Ich gehe von einem Auto zum anderen, kann mich weder für die
Marke noch für die Größe, noch für die Farbe entscheiden.
Wenn ich Kleider kaufe, gehe ich von einem Geschäft zum anderen
und im Geschäft von einem Stand zum anderen und kann mich
einfach nicht entscheiden.
Ich gehe schon allein zum Einkaufen, weil die anderen durch meine
Unentschlossenheit nur genervt sind.
Befreie mich von meinen komplizierten Überlegungen. Bring mich
in Berührung mit meinem inneren Gespür, damit ich die Dinge,
die ich kaufen will, anschaue und dann nach innen horche und
einen inneren Impuls spüre: Ja, das kaufe ich jetzt.
Und wenn ich es gekauft habe, dann befreie mich von den Nach-
überlegungen, die nichts bringen.
Jesus, Du hast dem Gelähmten, der sich auch nie entscheiden konnte, sondern sich immer nur Gedanken über seine Misere machte, ohne etwas zu ändern, gesagt: »Steh auf, nimm dein Bett und
geh!«
Sage auch mir dieses Wort, damit ich meine Zweifel unter den Arm
nehme und einfach aufstehe, meine Entscheidung treffe und
dann meinen Weg weitergehe, ohne rückwärtszuschauen.
Amen.

Dem anderen begegnen können
Einen Besuch machen

Heilige Maria,

Du hast Deine Verwandte Elisabet besucht, Du bist einfach aufgebrochen und allein über das Gebirge gegangen, Du hast Dich nicht um die Reaktionen anderer gekümmert.

Du bist einfach Deinen Weg gegangen, weil Du Deinem inneren Impuls gefolgt bist.

Wenn ich einen Bekannten oder eine Verwandte besuche, dann kann ich mich oft nicht entscheiden.

Dann überlege ich mir, ob mein Besuch dem anderen recht ist, ob er sich nicht überrumpelt vorkommt oder ob es ihm lästig ist.

Und ich weiß nicht, welche Begründung ich für meinen Besuch geben soll. Ich habe immer den Eindruck, ich müsse meinen Besuch rechtfertigen.

All diese Überlegungen verleiden mir oft den Besuch. Ich brauche zu viel Energie im Vorfeld des Besuches. Außerdem zerbreche ich mir den Kopf darüber, was ich dem anderen als Geschenk mitbringen soll. Sind Blumen nicht zu einfallslos? Mag sie überhaupt Blumen?

Heilige Maria, gib mir etwas von Deinem Geist, von Deiner Unbekümmertheit, Dich einfach auf den Weg über das Gebirge zu machen.

Räume in mir die Berge von Zweifeln und Überlegungen beiseite, damit ich beim anderen wirklich ankomme und damit eine so wunderbare Begegnung auch für uns möglich wird, wie Du sie mit Elisabet gehabt hast.

Ja, Maria, bitte für mich, dass mein Besuch für mich und für den anderen zum Segen wird.

Amen.

Für den Geist der Gelassenheit
Bei Entscheidungen im Beruf

Barmherziger Gott,
täglich muss ich im Beruf Entscheidungen treffen: Entscheidungen darüber, wie ich meine Leute einteile, Entscheidungen, was die Firma einkaufen soll, Entscheidungen, wie das oder jenes gemacht oder erledigt werden soll.

Ich habe es am liebsten, wenn alles ohne Probleme läuft.

Immer wenn mich die Mitarbeiter fragen, ob sie jetzt so oder anders handeln sollen, komme ich ins Schwitzen. Das ist mir unangenehm.

Ich will nicht ständig Entscheidungen treffen. Ich habe nicht viel Zeit für die Entscheidungen.

Guter Gott, erfülle mich mit Deinem Heiligen Geist, damit ich aus Deinem Geist heraus entscheide und mich nicht in meinem Geist mit seinen Überlegungen verliere.

Du hast Dein Wort mit einem Schwert verglichen, das klar scheidet.

Gib mir die Schärfe Deines heiligen Schwertes, damit ich in aller Klarheit und Eindeutigkeit meine Entscheidungen treffe.

Gib mir Deinen Geist der Gelassenheit, dass ich die Entscheidungen dann auch so lassen kann, ohne sie weiter in Frage zu stellen.

Dein Geist wird mir mein Leben mit Entscheidungen erleichtern.

Dafür danke ich Dir, guter Gott.

Amen.

Stärke mir den Rücken
Bei Konflikten

Herr Jesus Christus,
ich hasse Konflikte – am liebsten würde ich sie aussitzen oder verdrängen, unter den Teppich kehren. Aber ich spüre, dass das nicht weiterhilft.

Du hast keine Angst gehabt vor Konflikten. Du bist alleingestanden gegen die Pharisäer, die Dich beobachtet haben, ob Du am Sabbat heilst.

Du hast Dich der Auseinandersetzung gestellt. Du bist bei Dir selbst geblieben und hast so entschieden, wie es Dir Dein inneres Gefühl sagte, wie es Dir Deine Verbindung mit dem Vater zeigte.

Jesus Christus, stärke mir den Rücken, wenn ich in Konflikte gerate.

Stehe mir bei, damit ich im Wissen um Deinen Beistand auch zu mir selbst stehen kann und den Mut finde, so zu entscheiden, wie es meinem inneren Gespür entspricht.

Wenn Du bei mir stehst, dann kann ich auch zu mir stehen.

Ich brauche das Gefühl, dass Du mir den Rücken stärkst, dass Du hinter mir stehst.

Lehre mich, bei mir selbst zu bleiben, so wie Du in Dir selbst geblieben bist und so von den Erwartungen der anderen frei warst.

Schenke mir diese innere Freiheit und den Mut, den ich bei Dir so bewundere.

Ich vertraue darauf, dass ich in der Kraft Deines Geistes zu einer ähnlichen Freiheit und zum Vertrauen fähig bin.

Dafür danke ich Dir, Jesus Christus, meinem Bruder und meinem Herrn.

Amen.

Ein guter Weg für uns
Für eine Freundschaft

Jesus Christus,
Du hast uns Freunde genannt.
Ein Freund, so hast Du gesagt, weiß, was den anderen bewegt. Er ist
vertraut mit dem anderen. Er teilt dem anderen alles mit.
Du hast uns nicht nur Deine innersten Gedanken mitgeteilt, sondern Du hast Dein Leben hingegeben für Deine Freunde.
Ich sehne mich nach Freundschaft. Aber wenn ich zu einem Mann
oder zu einer Frau Gefühle des Vertrauens und des Verstehens
spüre, dann habe ich Angst, das dem anderen mitzuteilen.
Ich habe Angst, ich könnte einen Korb bekommen, der andere
möchte nicht mein Freund sein. So sage ich lieber nichts und lei-
de lieber still vor mich hin. Aber glücklich bin ich damit auch
nicht.
Gib Du mir den Mut, dem anderen als Freund zu begegnen und ihn
dann, wenn ich seine Nähe spüre, auf die Freundschaft hin anzusprechen.
Und schenke mir das Vertrauen, dass eine Freundschaft uns beiden
guttut.
Befreie mich von den nagenden Zweifeln, die die Freundschaft so
leicht vergiften können.
Segne unsere Freundschaft, dass sie ein guter Weg für uns wird und
zum Segen für uns beide und für andere.
Amen.

Sende mir Deinen Geist der Liebe
Für eine Partnerschaft

Barmherziger und guter Gott,
ich sehne mich nach einer Partnerschaft.
Aber zugleich weiche ich vor ihr zurück.
Sobald mir eine Frau sympathisch ist und ich sie ansprechen möchte, ob wir mal zusammen spazierengehen, lähmen mich meine Zweifel und meine Überlegungen, ob das nicht zu schnell ist oder ob das für sie unangenehm sein könnte.
Und ich habe solche Angst, dass ich abgelehnt werde. Oder dass die Partnerschaft nach kurzer Zeit auseinandergeht und der Schmerz dann zu groß für mich ist. Lieber lebe ich allein, als diesen Schmerz der Trennung nochmals zu erleben.
Aber ich weiß, dass ich mir damit selbst schade.
Sende mir Deinen Heiligen Geist, Deinen Geist der Liebe, damit er mich mit der Quelle der Liebe in Berührung bringt, die in mir strömt.
Und diese Quelle kann mir niemand nehmen, selbst wenn die Partnerschaft einmal auseinandergehen sollte.
Schenke mir Vertrauen, mich auf eine Frau einzulassen.
Befreie mich von allen übertriebenen Erwartungen an sie, von allen Bildern, mit denen ich sie festlegen möchte.
Öffne mein Herz für sie und öffne ihr Herz für mich, damit wir im Vertrauen und in der Liebe wachsen.
Und segne unseren gemeinsamen Weg, damit er uns in immer tiefere Liebe und Lebendigkeit hineinführt.
Amen.

Schenk uns Deinen Geist der Klarheit
Entscheidungen in der Partnerschaft

Barmherziger Gott,
wir haben in unserer Partnerschaft so schön begonnen – es war die
   große Liebe!
Aber in letzter Zeit haben wir uns auseinandergelebt. Wir reden gar
   nicht mehr viel miteinander. Und keiner traut sich, das eigentliche Problem anzusprechen.
Doch je mehr wir die fälligen Entscheidungen über unsere Art und
   Weise, wie wir das Leben und die Familie gestalten, verschieben,
   desto weniger haben wir uns zu sagen.
Wir sagen uns dann nur kurz, wir sollten uns wieder so lieben wie
   am Anfang. Aber das bleibt alles so vage.
Schenke mir den Mut, unsere Situation offen anzusprechen.
Gib Du mir die Worte ein, die ich sagen kann, ohne den anderen zu
   verletzen.
Hilf, dass ich Worte finde, die uns zueinander führen, Worte, die ein
   Haus bauen, in dem wir wieder gerne zusammen wohnen.
Und vor allem schenke uns beiden Deinen Geist der Klarheit und
   Treue, der Eindeutigkeit und Wahrhaftigkeit, damit wir uns wie-
   der neu füreinander entscheiden und miteinander unseren Weg
   gut weitergehen.
Amen.

Lass uns gut aufeinander hören
Entscheidungen im Familienalltag

Barmherziger Gott,
im Familienalltag stehen ständig Entscheidungen an: Entscheidungen, wie und wann wir die Wohnung renovieren sollen, welche Anträge wir an die Behörden stellen. Aber es gibt auch die Entscheidungen, wie wir die Freizeit und den Urlaub gestalten sollen.

Ich spüre, dass wir nicht offen über unsere Entscheidungen sprechen.

Manchmal fühle ich mich allein.

Meine Partnerin sagt mir: Mach du es so, wie du denkst. Aber ich möchte die Entscheidungen ja mit ihr besprechen.

Und meine Partnerin gibt mir auch zu verstehen, dass ich sie oft alleinlasse und ihr die Entscheidungen zuschiebe, ohne mich mit ihr darüber auszutauschen.

Ich halte Dir unseren Alltag hin mit dem vielen, was wir ständig entscheiden müssen.

Segne Du unsere Entscheidungen.

Und zeige uns, was wir in unserem Alltag ändern oder klären sollen, damit wir uns leichter tun miteinander und mit den Herausforderungen der einzelnen Tage.

Manchmal lähmt uns die Angst, wir könnten in der Entscheidungsfindung den anderen verletzen, weil wir von bestimmten Vorstellungen nicht lassen können.

Schenke uns ein hörendes Herz, damit wir gut auf den anderen hören und damit wir gemeinsam auf Deine Stimme horchen, die uns einen guten Weg des Miteinanders zeigen möchte.

Amen.

Hilf mit Deiner mütterlichen Kraft
Entscheidungen den Kindern gegenüber

Heilige Maria,
als Mutter hast Du Deine Erfahrungen mit dem Sohn gemacht, der sich ganz anders entschieden hat, als Du es Dir vorgestellt hast. Er ist einfach in Jerusalem geblieben, ohne Dir und Josef etwas zu sagen. Das hat Dich sehr verletzt.

Du kennst die Situationen, in die wir als Eltern oft geraten, wenn wir unsere Kinder nicht verstehen, wenn wir Entscheidungen treffen müssen, aber nicht wissen, ob sie wirklich richtig sind.

Manchmal haben wir Zweifel, ob wir zu eng sind. Dann spüren wir aber doch, dass wir Grenzen setzen müssen und uns für eine klare konsequente Linie in der Erziehung entscheiden sollten.

Aber wir tun uns schwer, klar bei den Entscheidungen zu bleiben. Zu leicht machen wir sie wieder rückgängig, wenn die Kinder uns etwas vorjammern oder uns vorwerfen, wir seien altmodisch und verklemmt, andere Eltern hätten damit keine Probleme.

Heilige Maria, schenk uns etwas von Deinem mütterlichen Geist, der das Kind annimmt und es fördert, indem er es herausfordert.

Schenke uns das Vertrauen, dass Gottes Segen unsere Kinder begleitet und behütet und dass ein Engel bei ihnen ist und mit ihnen geht, auch wenn sie manchmal Umwege und Irrwege gehen.

Sei Du bei uns mit Deiner mütterlichen Kraft und bitte für uns bei Gott, damit wir uns immer richtig den Kindern gegenüber entscheiden.

Amen.

Hören, was Du von mir willst
Bei der Übernahme eines Amtes

Barmherziger und guter Gott,
die Firma hat mir ein Angebot gemacht, mehr Verantwortung zu
  übernehmen. Die Vereinsmitglieder haben mich als Leiter vorgeschlagen. Die Partei drängt mich, mich für die Wahlen aufstel-
  len zu lassen.
Ich fühle mich auf der einen Seite geehrt. Aber auf der anderen Seite
  habe ich Angst, dass ich der Verantwortung und der Führungs-
  aufgabe nicht gewachsen bin, dass ich unsicher werde und Fehler machen werde.
Ich habe Angst, dass ich vor lauter Arbeit meine Familie vernachläs-
  sige.
Ich fühle mich hin- und hergerissen und weiß nicht, was ich machen soll.
Die anderen drängen mich, die Aufgabe zu übernehmen. Aber ich
  weiß nicht, wie ich mich entscheiden soll. Auf der einen Seite
  möchte ich lieber ein bequemeres Leben führen. Das Geld würde reichen für unsere Familie. Auf der anderen Seite spüre ich
  auch den Drang, Verantwortung zu übernehmen, nicht nur für
  die Firma, sondern auch für die Gesellschaft.
Aber ist das nur Ehrgeiz oder Stolz? Wo bleibt da die Demut?
Guter Gott, sende mir Deinen Geist der Klarheit, damit ich bei all
  den Überlegungen ein Gespür dafür bekomme, was Du von mir
  willst.
Sprich Du zu mir und schaffe in mir Klarheit und Zuversicht, mich
  zu entscheiden, ohne Angst, wie die anderen reagieren werden.
Sei Du bei mir, damit meine Entscheidung für mich, für meine Familie und für mein Umfeld zum Segen wird.
Amen.

Führ uns zur größeren Lebendigkeit
Vor einem Ortswechsel

Barmherziger und guter Gott,
mein Mann hat von seiner Firma ein Angebot bekommen, in der Hierarchie aufzusteigen. Aber das würde einen Umzug in eine andere Stadt bedeuten.

Meinem Mann täte das sicher gut. Aber ich habe Angst, dass ich in der neuen Stadt mich allein fühle.

Ich muss meinen Freundeskreis hier verlassen, in dem ich mich so wohl fühle.

Und ich habe Angst wegen der Kinder. Sie müssten die Schule wechseln, sie verlieren ihre Freunde, ihre Sportgruppe, ihr kirchliches Eingebundensein.

Ich weiß nicht, ob wir das den Kindern antun sollen.

Bevor wir eine Entscheidung treffen, bitte ich Dich um Deinen Geist, damit wir erst einmal den Mut finden, alles, was diese Frage betrifft, offen in der Familie anzusprechen.

Lass uns gut aufeinander hören und lass uns auf Deinen Geist hören, was er in dem Gespräch uns sagen möchte.

Und dann schenke uns den Mut, eine Entscheidung zu treffen, die für alle in der Familie zum Segen wird.

Zeige uns, wo die Herausforderung uns guttut und wo sie uns überfordert.

Lass uns die Entscheidung treffen, die uns in eine größere Lebendigkeit, Freiheit und Liebe hineinführt.

Amen.

Zum Segen werden – für mich und andere
Vor einem Studium oder einer Ausbildung

Barmherziger und guter Gott,
ich weiß nicht, welchen Ausbildungsweg ich einschlagen soll, ich
weiß nicht, welches Fach das richtige für mich ist.
Es gibt so viele Möglichkeiten – aber keine Möglichkeit gibt mir die
Sicherheit, dass ich auf diesem Gebiet glücklich werde, dass ich
eine gute Arbeitsstelle finde, die mich ausfüllt.
Und ich weiß nicht, welches Fach für mich das richtige ist, ob ich
die Ausbildung schaffe.
Aber ich weiß, dass ich mich entscheiden muss.
Und ich weiß auch, dass ich die Ausbildung nicht nach zwei Jahren
aufgeben möchte, um mich dann für ein anderes zu entscheiden.
So bitte ich Dich, guter Gott, hilf mir beim Entscheiden.
Sende mir Deinen Heiligen Geist, damit ich in mir einen inneren
Frieden finde und die Klarheit, wofür ich mich entscheiden soll.
Und schenke mir das Vertrauen, dass Du meine Ausbildung segnest
und dass es mich innerlich und äußerlich weiterbringt, dass es
zum Segen wird für mich selbst und dass ich mit dieser Ausbil-
dung selbst zum Segen werden darf für andere.
Amen.

Eine gute Zukunft – für uns und die Menschen
Entscheidungen in der Gruppe

Herr Jesus Christus,
Du hast selbst erlebt, wie Deine Jünger sich gestritten haben, wie sie nicht immer einer Meinung waren und wie sie oft Deine Botschaft nicht verstanden haben.

Du kennst daher unsere Situation in der Gruppe. Alle meinen es gut. Aber trotzdem stecken hinter der Meinung der Einzelnen immer auch eigene Interessen. Manche, die sagen, sie würden nur sachlich argumentieren, verstecken sich dann hinter ihrer Argumentation, mit der sie doch auch eigene Ziele verfolgen.

Ich stehe oft unter Druck, die verschiedenen Bestrebungen in der Gruppe zu einer klaren Entscheidung zusammenzubringen.

Sende Du uns Deinen Heiligen Geist, Deinen Geist der Versöhnung, dass wir uns beim Entscheiden nicht zerstreiten, und Deinen Geist der Klarheit, damit sich bei all den Diskussionen etwas Klares herausschält, das für alle einsichtig ist.

Schenke uns Deinen Geist der Freiheit, damit wir frei werden von den Eigeninteressen und wirklich zum Wohl aller entscheiden.

Hilf, dass wir uns so entscheiden, dass wir damit eine gute Zukunft für uns und für die Menschen ermöglichen.

Amen.

Deinen wahren Willen suchen
Gewissensentscheidungen

Barmherziger und guter Gott,
Du kennst meine Gedanken und Überlegungen. Du schaust in mein
Herz. Und Du weißt, was meinem Herzen entspricht.
Ich selbst bin hin- und hergerissen.
Ich kenne Deine Gebote, ich kenne die Regeln, an die ich mich halten soll.
Aber ich spüre auch, dass es nicht genügt, mich nur nach den äußeren Vorgaben zu entscheiden. Ich spüre, dass die Gebote nicht genügen, eine klare Entscheidung zu treffen.
Es geht um Deinen wahren Willen. Und es geht um das Stimmige für mich selbst und für die Menschen, die von meinen Entscheidungen betroffen werden.
Ich halte Dir alle meine Überlegungen hin: meine Zweifel und meine Gefühle.
Führe Du mich in die Tiefe meiner Seele, damit ich dort Deinen Willen erkenne, jetzt in diesem Augenblick.
Schenke mir das Vertrauen, dass ich mich so entscheide, dass es Deinem Willen entspricht, auch wenn ich mich dabei über äußere Regeln hinwegsetze, auch wenn andere meine Entscheidung kritisieren, weil sie nicht den Normen entspricht.
Ich spüre, dass ich verletzbar bin, wenn ich mich nach meinem Gewissen entscheide.
So gib mir den Mut und die Klarheit, mich so zu entscheiden, wie es der Stimme auf dem Grund meiner Seele entspricht, der Stimme, mit der mein innerstes Sein übereinstimmt.
Amen.

Zeige mir den Weg
Grundentscheidung über mein Leben

Barmherziger Gott,
ich stehe vor der Entscheidung, ob ich den Weg der Ehe und Familie gehen soll oder aber den Weg in die Ehelosigkeit als Ordensmann, Priester oder Ordensfrau.

Ich spüre in mir die Tendenz zu einem spirituellen Leben. Aber ich sehne mich oft auch nach der Geborgenheit in einer Familie und nach der Liebe in der Partnerschaft.

Wenn ich mir den Weg in den Orden vorstelle, dann frage ich mich manchmal, ob das meinem spirituellen Ehrgeiz entspringt oder wirklich Deinem Ruf.

Wenn ich mir vorstelle, zu heiraten und einen weltlichen Beruf zu ergreifen, dann frage ich mich, ob ich einfach den leichteren Weg gehen möchte.

Bei beiden Wegen tauchen in mir Zweifel auf. Ich weiß nicht, was Du von mir willst. Und ich weiß nicht, wo ich meinem Gefühl trauen darf, ob Du wirklich in meinen Gefühlen sprichst, oder ob ich mir nur etwas vormache.

So halte ich Dir beide Wege hin, die sich mein Geist vorstellt.

Ich überlasse es Deinem Urteil. Ich bin bereit, Deinen Willen zu erfüllen. Zeige mir im Gebet, welchen Weg ich gehen soll.

Gib mir das Gefühl, wann es Zeit ist, mich zu entscheiden und den Sprung für den einen Weg zu wagen.

Gib mir zugleich die Geduld, wenn trotz allen Betens und Meditierens sich noch kein Weg klar abzeichnet.

Lass Deinen Heiligen Geist in mir wirken, bis eine Entscheidung in mir heranwächst.

Und gib mir dann den Mut, zu springen und unter Deinem Segen den Weg zu gehen, den Du mir als den stimmigsten gezeigt hast.

Amen.

Literatur

Johannes Gründel
Verbindlichkeit und Reichweite des Gewissensspruches
In: Johannes Gründel (Hg.), Das Gewissen. Subjektive Willkür
oder oberste Norm?, Düsseldorf 1990, 99–126

Tomáš Halík
Eine Macht über der Macht. Zu Guardinis Vision der Postmoderne
In: zur debatte 7/2010, 1–5

Richard Heinzmann
Der Mensch als Person. Zum Verständnis des Gewissens bei Thomas von Aquin
In: Johannes Gründel (Hg.), Das Gewissen. Subjektive Willkür
oder oberste Norm?, Düsseldorf 1990, 34–52

Hans Jellouschek
Die Kunst, als Paar zu leben
Stuttgart 2005

Hans Jonas
Das Prinzip Verantwortung. Versuch einer Ethik für die technische Zivilisation
Frankfurt am Main 2003

Carl Gustav Jung
Mensch und Seele
Olten 1971

Stefan Kiechle
Sich entscheiden
Ignatianische Impulse, Würzburg 2004

Urs Meier
Du bist die Entscheidung. Schnell und entschlossen handeln
Frankfurt am Main 2008

Johann Baptist Metz
Entscheidung
In: Heinrich Fries (Hg.), Handbuch theologischer Grundbegriffe I,
München 1962, 281–288

Josef Pieper
Traktat über die Klugheit
München 1949

Kay Pollak
Für die Freude entscheiden. Gebrauchsanweisung für ein glück-liches Leben
München 2008

Karl Rahner
Tod
In: Karl Rahner/Adolf Darlap (Hg.), Sacramentum Mundi. Theo-logisches Lexikon für die Praxis IV, Freiburg im Breisgau 1969, 920–927

Bernhard Waldmüller
Gemeinsam entscheiden
Ignatianische Impulse, Würzburg 2008

Ulrich Wickert
Das Buch der Tugenden
Hamburg 1995

Franz Wiedmann
Die Strategie des Gentleman. John Henry Newmans Gewissensposition
In: Johannes Gründel (Hg.), Das Gewissen. Subjektive Willkür oder oberste Norm?, Düsseldorf 1990, 71–84

Die heilende Kraft der Gleichnisse

Anselm Grün
Jesus als Therapeut
Die heilende Kraft der Gleichnisse

159 Seiten,
gebunden mit Schutzumschlag
ISBN 978-3-89680-491-4
16,90 € / 17,40 € (A) / 25,90 sFr

Die Bibel überliefert uns heilende Worte in den Gleichnissen und Heilungsgeschichten. Sie wollen unsere Augen öffnen für einen neuen Blickwinkel auf unser Leben. Jesus zeigt uns einen Weg, schwere Erfahrungen des Lebens zu verarbeiten.

Der Benediktinerpater und erfahrene Seelsorger Anselm Grün meditiert diese heilsamen Worte und beschreibt ihre wirksamen Bilder, die unsere Seele berühren und unsere inneren Wunden wandeln können. So helfen uns die Worte der Bibel dabei, uns von krankmachenden Selbstbildern zu befreien und uns selbst besser kennenzulernen.

Vier-Türme-Verlag, 97359 Münsterschwarzach
Telefon 09324 / 20 292 • Telefax: 09324 / 20 495
Bestellmail: info@vier-tuerme.de
www.vier-tuerme-verlag.de

Bewusst älter werden

Anselm Grün
**Die hohe Kunst des
Älterwerdens**

166 Seiten,
gebunden mit Schutzumschlag
ISBN 978-3-89680-661-3
16,90 € / 17,40 € (A) / 25,90 sFr

Wer wird schon gerne älter? – Oft wird das Nachdenken über das Alter verdrängt. Anselm Grün, mit Anfang 60 selbst ein »junger Alter«, ermutigt seine Leserinnen und Leser, sich bewusst mit dem eigenen Älterwerden auseinander zu setzen. Spirituell gestaltet kann diese Lebensphase zu einer Zeit des Reifens und Wachsens werden und dem Leben eine neue Tiefe verleihen.

*»Der Mensch wird von allein alt. Aber ob sein Altern gelingt, hängt von ihm
ab. Es ist eine hohe Kunst, in guter Weise älter zu werden.«*

Einfühlsam schildert der Benediktinerpater die Herausforderungen des Älterwerdens – Annehmen, Loslassen, Aussöhnen – und zeigt die darin liegenden Chancen auf: Wer lernt, die jetzt spürbaren Grenzen zu akzeptieren, der kann für sich auch ganz neue Tugenden erlernen wie Dankbarkeit oder Geduld, Sanftmut oder Gelassenheit. Wer sich darin einübt, loszulassen, wird neu beschenkt werden.

Vier-Türme-Verlag, 97359 Münsterschwarzach
Telefon 09324 / 20 292 • Telefax: 09324 / 20 495
Bestellmail: info@vier-tuerme.de

www.vier-tuerme-verlag.de